W0364137

MON CAHIER HAPPY FEELINGS

— CHARLOTTE JACQUET —

ILLUSTRATIONS
COUVERTURE : ISABELLE MAROGER
INTÉRIEUR : AUDREY BUSSI

SOLAR EDITIONS

LIFE
better
SMILE

INTRODUCTION

Il n'est pas simple pour beaucoup d'entre nous d'être à l'écoute de ses émotions. Et pour cause, lorsqu'elles nous déstabilisent ou nous font souffrir (mood triste, colérique explosive ou grande inquiète) nous cherchons à tout prix à les contrôler, les modifier, voire les supprimer… Le hic ? À trop vouloir refouler ce que l'on ressent, nous finissons par accumuler des toxines émotionnelles. Et c'est le point de départ du stress, de la fatigue chronique, des tensions corporelles, des états de déprime, de burn-out et autres troubles psychosomatiques qui affectent autant notre mental que notre corps, en ouvrant la voie à la maladie. Bye bye la zen attitude !

À quoi ça sert de mieux connaître toutes ces émotions ? Comment les réguler ? Et vivre en harmonie avec ce que l'on ressent ? Comment booster ses émotions positives ? L'objectif de ce cahier est de vous aider à déterminer à l'instant T votre profil émotionnel, afin de découvrir au travers de différents programmes *happy feelings* comment les accueillir, les accepter et, surtout, vivre en harmonie avec, en toutes circonstances. Reconnaître vos émotions, cultiver une positive attitude, lâcher prise, déstresser, mais aussi vous challenger et faire des choix pour sortir de votre zone de confort… voici un échantillon de ce que vous allez pouvoir expérimenter au travers de ce cahier. Bref ! un outil indispensable pour toutes celles qui souhaitent enfin se découvrir et profiter d'une nouvelle vie plus épanouie et sereine. Parce qu'il est temps de vous positionner au centre de vos priorités, et de devenir la meilleure version de vous-même !

Attention, les informations présentes dans ce cahier ne se substituent en aucun cas à un traitement médical et ne dispensent en aucun cas de consulter et/ou de suivre les recommandations allopathiques de votre médecin.

TEST

QUELLE ÉMOTIVE ÊTES-VOUS ?

Bien se connaître, découvrir qui l'on est et ce que cachent nos états émotionnels, c'est un chemin que nous mettons des années, voire toute une vie à découvrir ! Comment gérez-vous vos émotions ? Êtes-vous une émotive au grand cœur ou au contraire une control freak qui gère ses émotions avec une main de fer ? Faites le test !

Le matin, quand vous vous éveillez…

□ vous visualisez déjà le programme de votre journée.

○ vous ruminez encore la dispute de la veille.

△ vous entamez votre journée sans perturbation, avec de la bonne musique.

Comment votre entourage vous qualifierait-il ?

□ Perfectionniste et exigeante, vous aimez que les choses soient bien faites, quitte à vous brouiller avec certaines personnes.

○ Vous êtes très conciliante et faite preuve de beaucoup d'empathie mais, à force, on a tendance à vous marcher sur les pieds, ce qui vous rend triste et vulnérable.

△ Vous êtes une fonceuse, mais vous avez du mal à montrer vos sentiments.

Vous n'avez pas le moral, votre meilleure amie débarque chez vous avec votre pâtisserie préférée. Comment réagissez-vous ?

□ Vous lui rendrez la pareille quand ce sera son tour.

○ Des larmes de joie vous montent aux yeux.

△ Vous vous sentez déstabilisée, ça vous trouble qu'on prenne soin de vous !

Lors d'un dîner en amoureux à la maison, vous ratez le plat principal qui est pourtant votre spécialité !

□ Contrariée par cet échec, vous le jetez et recommencez en mode speed.

○ Vous ruminez toute la soirée : quelle étape avez-vous loupé ?

△ Rien ne peut troubler votre sérénité ni votre humour, vous le servez quand même en vous exclamant : « Imagine si c'était réussi ! » !

Une collègue de travail vous agresse systématiquement lorsque vous la croisez…

- □ Indulgente, vous esquissez un sourire pour l'amadouer. On a tous nos mauvais jours, pas vrai ?
- ○ Angoissée, vous faites des détours pour ne pas la croiser.
- △ Indifférente, vous passez votre chemin : on ne peut pas plaire à tout le monde, ce n'est pas votre problème !

Vous suivez un régime avant l'été. Un matin, votre conjoint vous offre un bon croissant au beurre tout chaud…

- □ Vous refusez et observez votre conjoint le déguster.
- ○ Vous fulminez : ce n'est pas possible, il le fait exprès ou quoi ?
- △ Vous cédez à la tentation le temps d'une bouchée : après tout, il cherche juste à vous faire plaisir.

Face à une situation difficile, vous êtes du genre à…

- □ masquer votre tristesse et vous cacher pour pleurer ;
- ○ éclater en sanglots sans pouvoir vous contrôler ;
- △ rester de marbre : ce n'est pas le moment de craquer.

Que se passe-t-il quand vous êtes en colère ?

- □ Vous sortez prendre l'air et analysez vos ressentis.
- ○ Vous explosez et renversez tout sur votre passage.
- △ Vous êtes du genre « détachée » et restez zen la plupart du temps, il en faut vraiment des tonnes pour vous déstabiliser.

Lors d'une réunion dans votre entreprise, votre patron vous fait une remarque désagréable. Comment réagissez-vous ?

- □ Vous cherchez à analyser et comprendre sa remarque : est-elle justifiée ?
- ○ Vous perdez complètement vos moyens et espérez secrètement qu'une collègue intervienne en votre faveur.
- △ Vous faites mine de ne rien entendre en visualisant une bulle de protection autour de vous, ce n'est pas la première ni la dernière fois que cela arrive.

Quelle est votre astuce pour gérer votre stress ?

- □ Pratiquer une activité cardio le midi et du yoga le soir.
- ○ Rentrer à la maison, vous affaler dans le canapé avec chips, fromage et Martini à volonté.
- △ Vous séparez parfaitement votre job et votre vie privée, hors de question de ramener du stress à la maison ! La légèreté avant tout !

FAITES LES COMPTES !

○	□	△

Vous avez une majorité de □ : *de nature calme, le lâcher prise ne fait pas partie de vos options ! Vous êtes du genre control freak.*

Vous être le profil même de la force tranquille, mais en lutte perpétuelle avec vos émotions, malgré un visage détendu et apaisé. Votre credo ? Le contrôle ! Vous êtes à la recherche permanente de compréhension, vous analysez vos sensations quoi que cela vous en coûte. Vous ne laissez rien filtrer de l'extérieur, ce combat interne est le vôtre ! Vous avez le profil d'une personne modérée, réfléchie, dotée d'une profonde empathie. On fait d'ailleurs souvent appel à vous pour résoudre certains litiges.

Vous passez clairement la plupart de votre temps à organiser et planifier votre quotidien, mais également celui de votre entourage. Un moyen pour vous de vous sentir indispensable.

➾ **Il est temps pour vous d'accepter que vous ne pouvez pas tout maîtriser.** Votre vision devra s'axer sur une notion que vous connaissez déjà, mais que vous observez de loin : le lâcher-prise. Apprendre à lâcher du lest passe par la mise en pratique du décodage de vos émotions (voir p. 14) et la définition de vos besoins (voir p. 27). Lorsque l'on se connaît mieux, on arrive à prendre plus de recul dans sa vie et on fait des choix qui sont plus bénéfiques pour soi. Prenez le temps également de parcourir le programme pour vous sentir zen et épanouie (voir p. 64), afin de mettre en place des outils antistress et une pratique méditative, et prendre vraiment soin de vous.

Vous avez une majorité de ○ : *vous êtes une personne entière, les montagnes russes émotionnelles, ça vous connaît ! Vous êtes du genre hypersensible.*

Vous êtes capable de vous laisser emporter par toutes les émotions qui vous traversent quitte à en affecter votre entourage. Impossible pour vous de dissimuler aux autres vos émotions, c'est inscrit *de facto* sur votre visage. On apprécie chez vous votre honnêteté et votre franchise à toute épreuve. Votre défaut ? Votre incapacité à gérer certaines de vos émotions, votre impulsivité, de quoi vous vider en permanence de votre énergie !

➾ **Il est temps de prendre du recul pour observer vos modes de fonctionnement et comprendre les besoins qui se cachent derrière vos réactions parfois excessives.** En grande hypersensible, vous avez accumulé au fil des années de nombreuses toxines émotionnelles. Faire une détox émotionnelle vous fera le plus grand bien (voir p. 43) !

L'écoute de vos émotions vous permettra, entre autres, de transformer votre hypersensibilité en force, afin d'avancer plus sereinement dans votre vie. L'obstacle à éviter ? Le stress et l'anxiété qui vous épuisent au quotidien. Retrouvez des astuces feel good simples et rapides à mettre en place dans le programme zen et épanouie de ce cahier (voir p. 64) et les conseils pour mieux vivre les différentes phases émotionnelles et physiologiques de votre cycle féminin (voir p. 89). Votre nouveau credo : prendre toujours une grande inspiration avant de vous exprimer.

Vous avez une majorité de △ : *vous êtes une personne détachée et discrète…*
Vous êtes du genre résiliente.

De nature aventurière, vous avez vécu de nombreux événements qui vous ont appris à relativiser et rester sereine en toute circonstance. Vous êtes d'ailleurs bien plus souvent dans le détachement que l'attachement émotionnel, quitte à passer pour une personne insensible, froide, voire indifférente. Vous préférez suivre, ou renoncer à certains projets, pour ne pas perdre votre cocon de sérénité, au risque de vous retrouver complètement écartée du groupe et isolée.

C'est le moment idéal pour rompre ce schéma de fonctionnement, en vous ouvrant à ce qui vous entoure.
À trop vouloir gérer vos émotions, sûrement pour vous protéger, vous en avez oublié l'essentiel : le partage. La vulnérabilité ne fait pas partie de votre vocabulaire, vous faites face en toute circonstance et vous vous refusez parfois à ressentir les émotions qui se présentent. Il est temps de baisser les armes, de laisser vibrer ce que vous ressentez au fond de vous et de rallumer les étoiles de votre vie. Aujourd'hui, devenez votre priorité en cultivant votre présence auprès de votre entourage. Le programme Happy Woman (voir p. 82) est fait pour vous, il vous aidera à retrouver le positionnement juste, mettre votre intuition aux commandes et surtout apprendre à dire non !

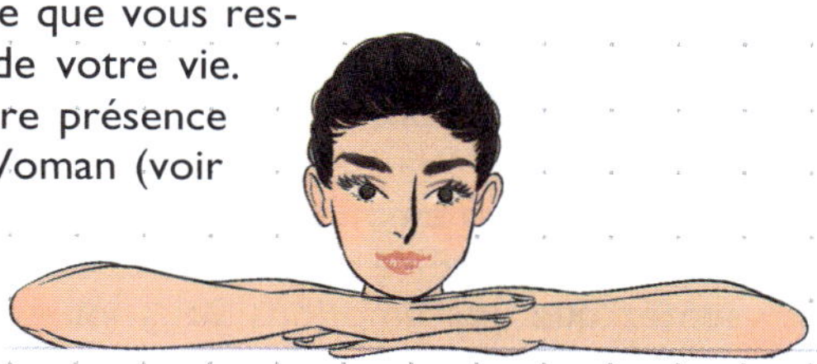

Chapitre 1

À l'écoute de mes émotions

Votre vie est faite d'émotions. Pour autant, vous n'avez jamais appris à les identifier, les comprendre ni les apprivoiser. Pire, vous pouvez passer votre vie à les contrôler, les réprimer… Si c'est le cas, sachez que vous vous privez d'une grande part de votre créativité. Non, les émotions ne sont pas mauvaises : elles peuvent vous tétaniser, vous faire exploser ou bien vous traverser sans réellement vous affecter, cela dépend de la façon dont vous les accueillez. Il existe autant de réactions possibles que d'êtres humains sur notre planète. Vous êtes unique ! Chacune accueille et transcende ses émotions en fonction de sa personnalité, de son histoire et de son éducation. Mais si vous sentez que vos émotions vous jouent souvent des tours et vous submergent, il est temps de prendre soin de vous et d'aller comprendre ce qui se trame au cœur de votre psyché. Grâce à ce cahier, vous allez découvrir qui vous êtes vraiment et cultiver votre bien-être au quotidien.

Émotive ou control freak ?

De la grande émotive à la contrôle freak, il n'y a souvent qu'un pas !

Dans notre monde moderne, les émotions sont devenues un véritable outil de manipulation de masse : les informations, la publicité, la télévision utilisent des techniques pour influencer nos comportements et susciter chez nous certains désirs et émotions qui nous poussent à consommer (des objets, des aliments…). On nous incite à contrôler nos émotions lors de nos échanges avec les autres, car être émotive représente parfois un signe de faiblesse ou un manque de sang-froid. Par ailleurs, on nous rabâche qu'il est primordial d'exprimer ses émotions pour s'affirmer et communiquer avec les autres. C'est justement ce paradoxe qui, au fil des années, vous a peut-être coupée de votre instinct et de votre intuition.

Les émotions sont la clé de notre bien-être

Vos émotions sont une source inépuisable d'informations sur votre monde intérieur et vos besoins profonds, car elles sont des réactions instinctives, immédiates. Elles sont une forme d'intuition, c'est pourquoi elles vous guident dans vos prises de décisions et vous permettent de communiquer avec autrui. Il est donc essentiel pour vous de vous y intéresser et de faire de vos émotions vos plus grandes alliées ! Grâce aux programmes prévus dans ce cahier, vous allez apprendre à les accueillir, les comprendre et les réguler de façon saine, constructive et enrichissante. On se lance !

Les émotions, quèsaco ?

Être à l'écoute de ses émotions et déjouer les diktats de la société, OK, mais, concrètement, ça veut dire quoi ? Quelles sont les émotions importantes ? Comment les (re)connaître ? Et qu'en faire ?

Émotion, sensation, sentiment, humeur... quelle différence ?

Émotion, quand tu nous tiens...

Le terme « émotion » provient de la racine latine *emovere* (mettre en mouvement), c'est à dire qu'une émotion est un état affectif bref et intense qui vous pousse à réagir. Face à un stimulus *via* vos 5 sens, votre corps va réagir immédiatement. Par exemple, la peur vous indique le danger et la nécessité de fuir, la joie vous invite à répéter les comportements qui vous ont permis de vous sentir bien, la tristesse vous aide à tourner la page... Chaque émotion vous rappelle à la vie, elles colorent chacune de vos expériences de façon plus ou moins agréable. Ce sont de fabuleuses messagères qu'il vous faut accueillir et écouter, afin de guider chacune de vos actions dans la bonne direction, pour votre bien-être !

Émotion et sentiment

Après une émotion apparaît un sentiment. Ce dernier nait de l'effacement des émotions – qui sont généralement de courte durée – puis perdure dans le temps. Si l'émotion est liée au corps *via* une réaction physique comme une accélération du rythme cardiaque face à la peur, le sentiment, lui, est une construction mentale. Le sentiment s'attache à une image, des mots ou des habitudes pour devenir une pensée latente, une construction mentale durable. Ainsi, une succession d'émotions joyeuses peut entraîner un sentiment de bonheur.

What's your mood?

La plus grande fonction de notre cerveau est de mémoriser tous les événements du quotidien. La mauvaise humeur fait justement partie de ces réponses émotionnelles que vous pouvez garder en vous plusieurs heures, voire plusieurs jours, lorsque vos émotions sont réprimées. Elles sont souvent en lien direct avec la satisfaction ou non de vos besoins et désirs. Dans ce domaine, un manque peut d'ailleurs, au fil du temps, par une forme d'accumulation, créer par exemple un état constant de déprime.

Le plein de sensations

Enfin, les sensations sont des réactions physiologiques à un *stimuli* externe. Il s'agit de la réponse effectuée par les organes des sens. Par exemple : les sensations plus ou moins agréables que l'on peut ressentir lorsqu'une personne nous touche, en humant un parfum ou les arômes d'un plat, etc.

Les sensations sont à différencier du ressenti qui représente l'expression physique d'une émotion. Par exemple : avoir la gorge serrée lorsqu'on a peur, le rythme cardiaque qui s'accélère lorsqu'on est en colère, etc.

Les 6 grandes émotions de base

Les six émotions fondamentales (joie, peur, colère, tristesse, dégoût et surprise) ont été définies en 1972 à la suite des recherches de Paul Ekman, anthropologue et psychologue à l'université de Californie à San Francisco. C'est au moyen de l'observation des expressions du visage, qu'il a pu répertorier ces 6 émotions de base ou émotions primaires.

Les émotions permettent de nous adapter à toute situation

Ces émotions innées servent à l'organisme pour faire face à toute situation, car elles déclenchent des réactions rapides (vigilance, attaque, fuite, dissimulation, conservation, satisfaction des besoins primaires) indispensables à la survie. Ainsi ces émotions de base nous permettent d'adopter un comportement en réponse à un élément déclencheur dans notre environnement. Par exemple, dans une situation de danger ou de menace, la peur va nous envahir, notre rythme cardiaque va s'accélérer et nous allons par tous les moyens chercher à fuir au plus vite.

○ Sous l'effet de la colère : on serre les poings, on tape du pied, on rougit.

Quelque chose vous a blessée ou vous ressentez une profonde injustice, de quoi vous mettre les nerfs en pelote ! La colère est une réaction de protection ou d'insatisfaction. Elle vous permet, entre autres, de vous libérer de ce qui vous gêne à travers l'action physique, les mouvements du corps qui aident à éliminer le trop-plein émotionnel (on préfèrera naturellement se décharger sur un sac de boxe plutôt que de s'énerver contre quelqu'un !). Attention à ne pas refouler sa colère, car ce qui ne s'exprime pas s'imprime dans le corps sous la forme de tensions ou de nœuds.

○ Sous l'effet de la joie : on sourit, nos yeux pétillent.

Véritable source d'énergie positive, la joie est ce qui vous permet de rester connectée à votre positive attitude. Elle signale un état de pleine satisfaction, elle nous permet de ressentir un profond bien-être et de nous procurer illico une bonne humeur communicative. Elle sert à reproduire ce qui nous fait plaisir, ce qui est bon pour nous.

○ En cas de surprise : on a les yeux ébahis, on sursaute.

La surprise est une émotion de très courte durée provoquée par une situation inattendue. Elle est généralement suivie d'une autre émotion. Elle sert à nous adapter à une situation inhabituelle.

○ Par dégoût : on a les traits du visage et la bouche qui se crispent.

Le dégoût est une émotion de rejet associée à une personne ou un objet. Elle peut aussi intervenir dans une situation de « trop-plein ». Elle sert à nous tenir éloignée de ce qui n'est pas bon pour nous.

○ En état de tristesse : on a les yeux ternes, on reste silencieuse et on a tendance à se replier sur soi.

La tristesse est une émotion bien souvent reliée à la perte, la déception et/ou des situations de vie insatisfaisantes. Si vous l'écoutez, elle vous permet de prendre conscience de ce qui vous entoure et de vos besoins insatisfaits. Elle vous aide également à faire le deuil (d'une personne, d'un projet, d'une habitude, d'un espoir, d'une croyance), à intégrer une expérience pour ainsi évoluer et tourner la page.

○ Sous l'effet de la peur : notre rythme cardiaque s'accélère, on a les mains moites, le teint pâle et la gorge sèche.

La peur est une émotion d'anticipation qui permet de fuir face au danger. Elle est notamment reliée à un besoin de sécurité. Elle sert à vous protéger en cas de danger, qu'il soit physique ou psychique.

Les émotions secondaires et sociales… tout aussi importantes !

Les émotions de base ou primaires sont des émotions innées, ce qui signifie que nous les avons développées dès notre plus jeune âge. Les émotions secondaires et sociales,

a contrario, se construisent dans le temps avec nos expériences de vie et l'environnement dans lequel nous évoluons. Elles durent plus longtemps et peuvent êtres ressenties de façon continue ou récurrente (angoisse, amour, haine, frustration, chagrin, mépris, sympathie, culpabilité, hostilité, honte, jalousie, fierté et orgueil). Ces émotions composites se situent à l'interface du sentiment et de l'émotion.

ÉMOTIONS PRIMAIRES	JOIE	TRISTESSE	COLÈRE	PEUR	SURPRISE	DÉGOÛT
ÉMOTIONS SECONDAIRES	Satisfait	Accablé	De mauvaise humeur	Alarmé	Déconcerté	Amer
	Épanoui	Blessé	Énervé	Anxieux	Ébahi	Antipathie
	Courageux	Chagriné	Contrarié	Craintif	Frappé	Aversion
	Optimiste	Bouleversé	Mécontent	Effrayé	Étonné	Écœuré
	Passionné	Déçu	Furieux	Horrifié	Médusé	Contrarié
	Inspiré	Malheureux	Impatient	Choqué	Sidéré	Ulcéré
	Stimulé	Morose	Irrité	Paniqué	Stupéfait	Désenchanté
	Serein	Nostalgique	Frustré	Désemparé	En alerte	
			Écœuré	Inquiet		
			Excédé			
ÉMOTIONS SOCIALES	Amoureux	Envieux	Coupable	Intimidé	Impressionné	Critique
	Confiant	Humilié	Haineux	Méfiant	Consterné	Méprisant
	Flatté	Honteux	Hostile	Ridiculisé	Embarrassé	
		Coupable	Jaloux			

Quand les pensées deviennent nocives…

Il est important d'identifier le moment où ces pensées « intrusives » deviennent néfastes pour votre mental et surtout votre organisme. On les appelle les « ruminations mentales » que l'on représente souvent par un petit vélo qui tourne en boucle dans notre tête. Ce même petit vélo qui vous empêche, le soir, de trouver le sommeil et qu'il serait bon de ranger au garage…

C'est lorsque ces pensées intrusives se répètent dans le temps que l'on peut les qualifier de nocives. Par exemple, se dénigrer en permanence au moyen de croyances du type

«Je ne suis pas à la hauteur», «Je ne suis pas légitime», etc. Les conséquences d'un tel schéma de pensée seront désastreuses sur votre santé et votre bien-être, aussi bien du point de vue physique que psychologique (par la «psychosomatisation» : le corps exprime les maux de l'esprit à travers des dysfonctionnements et des troubles).

Mon rituel anti-rumination

1. **Prenez 10 minutes pour écrire ce que vous ressentez** dans un carnet dédié, le déroulé de votre journée, les émotions que vous avez ressenties, comment vous vous sentez, les ruminations mentales qui vous dérangent. Si vous appréhendez un événement à venir, prenez le temps de poser un plan d'action pour vous préparer et vous détendre mentalement.
2. **Ritualisez votre sommeil** : déconnectez-vous de votre téléphone, des informations à la télévision et prenez le temps de lire ou de méditer.

Vous pouvez également boire une tisane à base de mélisse, marjolaine et valériane, des plantes qui aident l'organisme à se relaxer et à surmonter une période de stress, afin de favoriser un bon sommeil réparateur.

Ma tisane apaisante pour bien dormir

Recette pour une tasse de 250 ml :

- 1 à 2 c. à c. de feuilles de mélisse
- 1 à 2 c. à c. de feuilles de marjolaine
- 1 c. à c. de racine de valériane
- 1 filet de jus de citron bio

Mélangez les plantes et faites chauffer l'eau à 80 °C. Mettez les plantes dans l'eau chaude et laissez infusez environ 10 minutes à couvert. Servez dans votre tasse et ajoutez le filet de jus de citron. Buvez votre tisane dans la soirée.

L'intelligence émotionnelle : comment tirer profit de ses émotions ?

Quotient intellectuel *versus* émotionnel

L'**intelligence émotionnelle** représente votre habileté à reconnaître, comprendre, exprimer et évaluer vos propres émotions, ainsi que celles de votre entourage. Elle désigne également votre capacité d'adaptation pour faire face aux exigences de votre environnement.

Le quotient émotionnel, quèsaco ?
Il est défini par Peter Salovev et John Mayer comme : «L'habileté à percevoir et à exprimer les émotions, à les intégrer pour faciliter la pensée, à comprendre et à raisonner avec les émotions, ainsi qu'à réguler les émotions chez soi et chez les autres.» Il est utilisé de nos jours comme un outil de mesure de l'intelligence émotionnelle. Le mesurer permet de mieux se connaître et d'améliorer ses relations aux autres.

Cette aptitude émotionnelle se mesure *via* le **quotient émotionnel**. Il est à distinguer du quotient intellectuel qui, lui, ne peut se modifier dans le temps ou *via* vos expériences ou votre éducation.

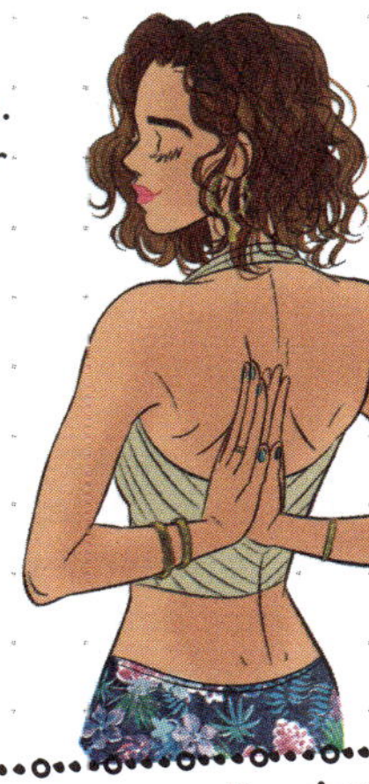

Les 5 composantes associées à l'intelligence émotionnelle

- **La conscience de soi :** c'est rester à l'écoute de ses ressentis et intuitions, pour cultiver et nourrir la confiance en soi.
- **La maîtrise de soi :** il s'agit de la capacité à gérer ses émotions et à s'adapter à différentes situations.
- **La motivation :** cela représente les efforts et la capacité à s'engager et faire preuve d'initiatives.
- **L'empathie :** c'est la possibilité d'écouter et montrer de l'intérêt pour les préoccupations d'autrui.
- **La maîtrise des relations humaines :** cela consiste à inspirer et guider des personnes tout en adoptant une communication claire et motivante.

L'intelligence émotionnelle, c'est quoi ?
Cette notion a été définie en 1990 par les psychologues américains Peter Salovev et John Mayer. Le concept a été par la suite popularisé par Daniel Goleman, autre psychologue américain, en 1995. Depuis, de nombreux tests ont été effectués, afin de corréler et valider leurs hypothèses.

J'évalue mes émotions en 3 étapes

Une vie sans émotion serait très certainement terne et morose ! La palette de nos émotions représente un moyen de donner du sens et, surtout, de rendre vivant tout ce que nous entreprenons. Il peut être assez difficile de les analyser et surtout les déterminer. Qu'est-ce que l'on ressent ? Comment cela se retranscrit-il dans notre organisme ? Il existe de nombreuses méthodes pour évaluer ses émotions. L'objectif ici est de créer une routine qui devienne au fil du temps un réflexe quotidien. Cela fonctionne en 3 étapes : évaluation à chaud/à froid ; body scan des émotions au moyen de la méditation et écriture de ses observations dans un « journal de bord émotionnel ».

« Chaque événement, aussi mineur ou bouleversant soit-il, est une occasion de se connaître, de se libérer, dès lors qu'il révèle en nous une émotion. Il peut être l'occasion de vivre une expérience. Il s'agit alors de profiter de lui plutôt que d'y réagir et de s'y sentir impuissant. » Catherine Aimelet-Périssol, psychologue.
Chaque expérience vécue, même la plus anodine, offre donc un moyen d'apprendre sur soi et les autres, d'accueillir ce que l'on ressent, plutôt que de se positionner en victime face aux difficultés que l'on traverse.

Étape 1 : j'évalue à chaud ou à froid mes émotions

Faites le point sur les émotions que vous ressentez le plus souvent en utilisant la grille de lecture des émotions principales et secondaires (voir p. 12). Puis identifiez la fréquence de l'expression de ces émotions en réalisant votre autodiagnostic.

Vous pouvez réaliser cette analyse de deux façons…

- **À chaud,** dès que vous ressentez une émotion plus ou moins intensément, pour vous recentrer sur l'instant présent et rendre l'émotion plus objective. Si l'émotion est très intense, faites en sorte de vous distraire, par exemple en pratiquant une activité manuelle, en faisant du sport ou en communiquant avec l'un de vos proches. Vous pouvez également fermer les yeux, l'important ici est de distraire votre mental pour temporiser votre émotion.
- **À froid,** lorsque vos émotions sont moins intenses, pour repérer les schémas émotionnels répétitifs, et engager un travail de fond. Pour cela, une fois les schémas identifiés, vous pouvez vous reporter au programme « Détox émotionnelle » (voir p. 43).

C'est à vous !

Pour réaliser cet exercice, vous pouvez utiliser une note dans votre téléphone ou un bullet journal dédié.

Notez-y :

- la date ;
- l'émotion ressentie (au moyen de la grille de lecture des émotions primaires et secondaires) ;
- le moment durant lequel vous avez évalué votre émotion : à chaud ou à froid ?
- puis faites un petit bilan écrit une fois par semaine : notez quelles émotions ont tendance à revenir en boucle. Avez-vous procédé à plus d'évaluations à chaud qu'à froid ? Est-ce que cela peut mettre en évidence certains traits de votre personnalité, comme un côté impulsif par exemple ?

Parfois prendre conscience des états émotionnels entre lesquels nous oscillons dans notre quotidien permet de prendre une certaine forme de recul sur ce qu'il est possible de gérer ou non dans l'instant T.

Étape 2 : je réalise un body scan de mes émotions

Être attentive à ses émotions et mettre des mots sur l'intensité ressentie va vous permettre de développer votre conscience émotionnelle. Vous allez ainsi mieux vous comprendre et mieux comprendre également ceux qui vous entourent.

Body scan, quèsaco ?

Le body scan est un exercice de pleine conscience, c'est-à-dire qu'il vous amène à prendre conscience et à vous concentrer sur tout ce qui se passe en vous et autour de vous dans l'instant présent. Le principe ? Porter votre attention sur les différentes parties de votre corps et leurs sensations ici et maintenant. Il s'agit d'une forme de méditation.

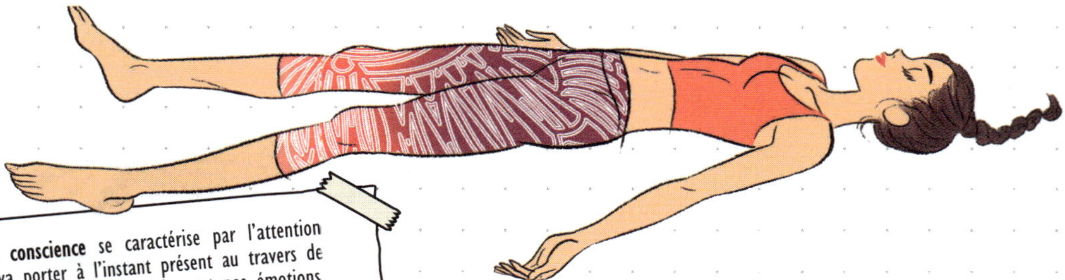

La pleine conscience se caractérise par l'attention que l'on va porter à l'instant présent au travers de nos sens, nos pensées, nos actions et nos émotions, que ce soit au cours d'une méditation ou d'une activité quotidienne.

Comment ça marche ?

La méditation, comme tout autre pratique, demande un véritable engagement. Il est donc important de vous entraîner chaque jour, afin de pouvoir en ressentir tous les bienfaits. La méditation est un moyen efficace de prendre de la distance par rapport aux événements que nous traversons au quotidien. On cultive une autre façon de voir les choses, on améliore sa capacité à se concentrer et on apprend à se positionner de manière plus neutre, distanciée et, en définitive, plus sage !

Combien de temps ?

10 minutes par jour suffisent pour commencer à ressentir les effets de la méditation de pleine conscience.

Avant de commencer…

- Choisissez un endroit où vous vous sentez bien, au calme. Si besoin, prévenez votre entourage que vous vous absentez quelques instants, afin d'éviter d'être dérangée.

- Calibrez le timing de votre séance.
- Installez-vous dans une posture où vous vous sentez à l'aise. Si vous choisissez de vous allonger, attention à garder votre capacité d'attention et de concentration pour ne pas vous endormir.
- Respirez des huiles essentielles (HE) feel-good comme le petit grain bigarade (*Citrus auruntium* ssp. *Amara*), la lavande vraie (*Lavandula angustifolia*) ou l'ylang ylang (*Cananga odorata*) avant de commencer (directement au bouchon, pendant deux ou trois longues respirations).

Précaution d'emploi des huiles essentielles
Vérifier toujours si l'huile essentielle choisie est autorisée en cas de grossesse, d'allaitement ou de maladie particulière. Vous pouvez sinon remplacer l'HE par une eau florale de fleur d'oranger ou de rose (sans contre-indication).

Vous êtes prête ?

Prenez le temps de vous poser la question suivante : « Comment je me sens aujourd'hui ? » Scannez une à une toutes les parties de votre organisme, de la tête aux pieds. Comment vous sentez-vous ?
Portez votre attention sur chaque zone de votre corps et centrez-vous sur vos ressentis. Le body scan de chaque partie du corps peut prendre le temps que vous souhaitez, tout dépend du niveau d'analyse et d'interprétations que vous souhaitez effectuer. Il s'agit ici de délier votre corps de ses tensions. En vous connectant à vos ressentis corporels, vous vous donnez la possibilité de désactiver les pensées négatives de votre mental. En effet, recentrée sur votre corps, vous oubliez vos pensées négatives !

Pour aller plus loin ? À l'inspiration, visualisez que vous aspirez toutes les tensions au niveau des points identifiés et, à l'expiration, ouvrez grand la bouche et soufflez-les en dehors de votre corps.

Étape 3 : J'écris dans mon journal de bord émotionnel

L'objectif du journal de bord émotionnel est d'y noter les émotions que l'on identifie au jour le jour au moyen des deux étapes précédentes.
L'idée est de repérer ce qui déclenche vos émotions, afin de désamorcer les émotions négatives et de renforcer les émotions positives.
L'écriture va vous permettre de rendre concrète votre expérience en retranscrivant notamment les événements et les émotions que vous avez ressenties.

L'écriture comme « révélateur »

En notant jour après jour les émotions ou les comportements qui reviennent, les sensations et réactions que cela déclenche, vous allez prendre conscience de vos schémas répétitifs, c'est-à-dire des comportements mauvais pour vous, dont vous n'arrivez pas à vous débarrasser et que, au contraire, vous reproduisez sans cesse. *Par exemple* : à chaque fois que l'on essaye de vous donner des conseils constructifs, vous ressentez de l'agacement et, sans comprendre pourquoi, vous répondez sèchement. Ce genre de réaction a pour habitude de créer des tensions avec votre entourage, de pomper votre énergie et, au final, de vous ralentir dans vos projets.

Comment ça marche ?

Réalisez plusieurs colonnes : événements, émotions associées, comportements adoptés, langage corporel ressenti… (voir les suggestions dans le tableau ci-dessous).

ÉVÉNEMENTS	*Exemple : prendre la parole en public*
ÉMOTIONS ASSOCIÉES	*Peur*
COMPORTEMENTS ADOPTÉS	*Fuite*
SENSATIONS CORPORELLES	*Visage en sueur, gorge sèche, mains moites…*
SUGGESTIONS	je note ici quel rituel privilégier en fonction de mes besoins et des programmes proposés dans ce cahier *Par exemple : travailler ma respiration au moyen de la sophrologie (voir p. 56)…*

Identifier ces moments dans votre journal de bord vous permet de réaliser votre part de responsabilité dans ce que vous ressentez et, surtout, de prendre le temps de connecter ce ressenti à votre passé. Est-ce que cette émotion ne serait pas liée à l'éducation que vous avez reçue, attachée à une notion de perfectionnisme, par exemple ?

Prendre conscience de vos schémas réactionnels vous permet d'identifier les comportements qui peuvent être nocifs ou au contraire bénéfiques et constructifs pour vous. Ce type d'exercice est idéal pour réaliser un bilan de vos difficultés et de vos réussites quotidiennes.

Trackez votre humeur !

Vous pouvez également ajouter dans votre journal de bord un « tracker d'humeur journalier », ainsi que des citations inspirantes. Il s'agit d'un tableau de suivi, avec une case par jour et une légende couleur représentant la gamme de émotions. L'idée : colorier la case du jour selon l'humeur dominante. Un moyen supplémentaire de faire le point à la fin du mois sur ce que vous avez ressenti et vécu.

L'impact de nos états émotionnels sur notre santé

De nos jours, nous somatisons de plus en plus : chaque traumatisme ou déception vécus peuvent entraîner des réactions physiologiques qui touchent nos organes (voir p. 47). Notre psychisme et notre corps sont liés. Ce que notre esprit ressent, notre corps l'exprime !

Le cycle de nos émotions

Dès lors que vous ressentez une émotion, positive ou négative, peu importe laquelle, vous enclenchez toujours le même type de réactions. Un événement externe déclenche une charge émotionnelle intense qui va provoquer une montée en tension. Cette montée en tension va entraîner des réactions physiologiques telles que l'accélération du rythme cardiaque face à la peur, qui va à son tour provoquer un comportement adapté pour faire face à la situation (comme la fuite) lors de la décharge émotionnelle. Une fois que le processus de décharge émotionnelle est enclenché, on observe un retour au calme et à la récupération physique.

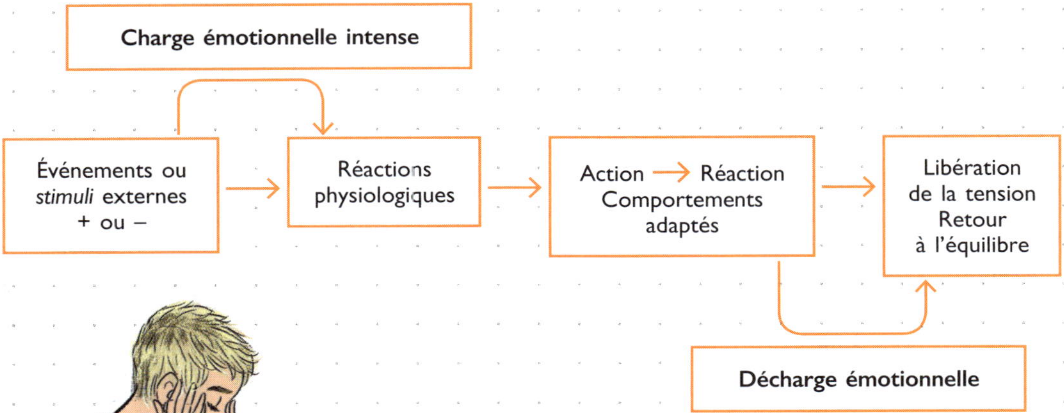

Des réactions physiologiques à gogo !

Des émotions plus ou moins intenses, plus ou moins confortables…

C'est lors de la phase de tensions que votre charge émotionnelle est la plus intense. Lorsque vous ressentez une émotion, les traits de votre visage vont commencer à se modifier. Puis vous allez ressentir certaines réactions plus ou moins agréables dans votre corps. La colère engendre par exemple un afflux sanguin au niveau des extrémités, la tête bouillonne, on serre les poings, notre rythme cardiaque s'accélère. Lorsque l'émotion est intense et refoulée sur une longue période, on peut observer des « décompensations » au niveau respiratoire et cardiovasculaire (pression dans la région thoracique, respiration courte…). La tristesse engendre un manque d'énergie dans les bras et les jambes. Les zones suractivées se trouvent autour des yeux, de la gorge et dans la poitrine, c'est-à-dire les zones impliquées lorsque nous pleurons.

ÉMOTION DE BASE	RÉACTIONS PHYSIOLOGIQUES
Joie	Excitation, cris de joie, rire, sourire, sauts en l'air
Tristesse	Repli sur soi, épaules rentrées, larmes, cœur qui s'accélère légèrement, respiration irrégulière
Colère	Augmentation de la température du corps, sensation de chaleur au niveau des joues, cri et hurlements, mâchoire qui se serre, sourcils froncés, poings serrés
Peur	Yeux figés, visage pâle, cœur qui s'accélère, chair de poule, mains moites, respiration forte
Surprise	Bouche ouverte, sursaut, yeux écarquillés, larmes, cris et étourdissement
Dégoût	Nausée, vomissements, baisse de la température corporelle, sourcils froncés, bouche rétractée

Notre système nerveux, chef d'orchestre de nos états émotionnels

À quoi sert-il ?

Le système nerveux est un chef d'orchestre qui régule vos états émotionnels au quotidien. Ce système s'articule selon 3 axes…

- Le système nerveux central : c'est un centre de régulation et de contrôle qui reçoit les informations sensitives via les nerfs de nos organes des sens et des récepteurs sensitifs. Il commande également les réponses organisées sous forme d'informations motrices.
  Exemple : il prend le contrôle quand nous devons préparer une prise de parole en public : chronométrage du temps de parole, organisation du discours, gestuelle, modulation de la voix, choix de la tenue…
- Le système nerveux périphérique : il permet d'activer les fonctions de nos muscles et organes tout en recevant des informations sur leur état de fonctionnement. Exemple : lorsque l'on prend une tasse bouillante entre ses mains, l'information liée à la chaleur est perçue par nos capteurs sensoriels, puis envoyée au système nerveux central qui commande au système nerveux périphérique (les muscles) de reposer (lâcher !) immédiatement la tasse.
- Le système nerveux autonome (ou neurovégétatif) : il est constitué du système orthosympathique responsable de nos réactions face à un signal d'alarme (exemple : respiration qui s'accélère lorsque l'on ressent une menace) et du système parasympathique, responsable d'apaiser nos réactions émotionnelles.
  Exemple : vous expirez de soulagement une grande bouffée d'air après que la menace est passée.

Ces émotions qui rendent malade

Les émotions s'inscrivent dans le corps *via* le système nerveux

Lorsque nous n'arrivons pas à exprimer notre ressenti, le corps prend la relève et l'exprime avec des maux *via* le système autonome ou neurovégétatif, car toutes les fibres nerveuses innervent nos organes. Nos réactions émotionnelles ont donc un fort impact sur notre corps et surtout sur notre cerveau. Lorsque notre système nerveux est touché, c'est tout notre corps qui l'est : tensions musculaires au niveau du plexus et du diaphragme, etc.

Notre système hormonal, principal messager de nos émotions

Le système endocrinien représente l'ensemble des organes ou glandes endocrines (hypothalamus, hypophyse, thyroïde, etc.) dont le rôle est de sécréter des hormones. Face à chaque situation, notre cerveau active la sécrétion de diverses hormones, *via* les glandes endocrines ou des neurotransmetteurs. Ces hormones (progestérone, œstrogènes, dopamine, adrénaline, etc.) modifient notamment notre tonus musculaire sous l'effet d'émotions intenses.

> Un trouble psychosomatique se manifeste selon 3 conditions : le conflit (psychique et/ou relationnel), la prédisposition individuelle (biologique et génétique) et le facteur déclenchant.

Par exemple, on peut ressentir de grandes tensions dans notre corps, des raideurs, avoir une respiration bloquée (comme si l'on était un peu en apnée)...
La maladie peut être la conséquence des émotions et des impulsions réprimées. Ce qui ne s'exprime pas s'imprime en soi d'une manière ou d'une autre. Les conflits non résolus pourraient être à l'origine de certains troubles psychosomatiques.

Les hormones au service de notre équilibre

Les émotions agissent sur le système nerveux, mais également sur le système hormonal. Ainsi, lors de chaque réaction émotionnelle, votre cerveau va activer *via* vos glandes endocrines (hypophyse, thyroïde, glandes surrénales...) ou vos neurotransmetteurs (dopamine, gaba, sérotonine...) la sécrétion d'hormones. Nous ne sommes pas toutes égales face aux réponses envoyées par nos systèmes nerveux et hormonal. Nous disposons toutes de nos propres cartographie et identité émotionnelles.

L'adrénaline : messagère n °1 du système nerveux orthosympathique, c'est l'hormone de la survie. Elle s'active en quelques secondes lorsque vous vous trouvez face à la peur, la colère ou le stress. Elle permet notamment de mobiliser vos réserves de graisses pour tenir bon face au froid, de libérer vos réserves de sucre pour être plus rapide, etc. Lorsque l'adrénaline est en excès, on peut observer divers troubles physiques tels que : hypertension, constipation, ulcères, raideurs et tensions musculaires.

La solution? Afin de réguler ce taux, vous pouvez pratiquer le yoga, qui permet de réduire l'excès d'adrénaline de manière significative et de booster la sérotonine, l'hormone du bonheur.

Le cortisol : il s'agit de l'hormone du stress qui nous permet de mieux réagir en cas de danger, de peur ou de stress. Un taux de cortisol en excès favorise une faiblesse du système immunitaire, des tensions dans le corps, etc.

La solution? Il est possible de réguler son taux de cortisol grâce à une activité sportive et au moyen de la respiration.

Plus d'hormones positives pour plus de bien-être!

Si nous connaissons l'impact des émotions négatives sur notre organisme, nous connaissons également celui des émotions positives. S'il y a donc une chose à retenir et à mettre en place au quotidien, c'est de cultiver ses émotions positives afin de ressentir plus de bien-être. Plus vous ressentirez des émotions ou éprouverez des sentiments comme la joie, la gratitude, la confiance, le courage, la tendresse, l'émerveillement, le respect, la gaieté, l'amour, etc., plus vous enverrez des messages de bien-être et de bonne santé à votre corps. Une bonne santé mentale et physique à long terme est en grande partie le fruit d'un cumul d'émotions heureuses.

L'ocytocine : c'est une hormone qui favorise l'attachement, le lien social. Elle est secrétée abondamment lors d'une relation amoureuse (ou entre un parent et son enfant). C'est elle qui donne un sentiment de sécurité, c'est l'hormone de l'amour !

La solution ? Stimulez-la en faisant des câlins aux gens que vous aimez et en passant de beaux moments avec vos proches.

La dopamine : C'est notre starter ! Déclenchée par la joie, elle nous fournit l'énergie et la motivation pour être dans l'action.

La solution ? Il est possible de la stimuler en favorisant votre créativité, en dansant ou en écoutant de la musique.

Mon exercice de gratitude

En réalisant cet exercice de manière quotidienne, vous vous autorisez à prendre pleinement conscience des petits bonheurs qui jalonnent votre vie, vous stimulez ainsi vos émotions et vos hormones positives, afin de booster votre bien-être.

Comment je m'y prends ?

Prenez le temps de noter tous les jours ce qui vous remplit de gratitude sur des morceaux de papier de couleurs différentes (une couleur par saison). Par exemple : je suis reconnaissante d'avoir un joli chez-moi, des amis avec qui partager de bons moments, d'être en bonne santé, de recevoir un compliment, de réussir à fixer mes limites, de voir sourire les gens que j'aime…

Au fur et à mesure, remplissez un bocal en verre, c'est un bon moyen de visualiser le positif dans votre vie. Vous pouvez décorer votre bocal comme bon vous semble pour vous donner envie de le remplir chaque jour, chaque semaine ou chaque mois.

À la fin de chaque saison, je fais le point !

Prenez le temps de relire vos plaisirs et bonheurs du quotidien. De quoi vous mettre de bonne humeur et du baume au cœur !

Les outils feel good, indispensables pour accompagner mes émotions

Vous l'avez compris, il est primordial d'apprendre à utiliser des méthodes de bien-être pour temporiser l'effet de nos émotions tant sur le plan physique que mental. Par exemple, la relaxation au travers de techniques de respiration permet de réguler le rythme cardiaque *via* le système nerveux autonome. Lorsque vous expirez, vous stimulez votre système nerveux parasympathique qui permet de ralentir votre rythme cardiaque. Nous pouvons agir consciemment en diminuant les réactions physiologiques en chaîne (comme le stress, les tensions, les blocages...) à travers la pratique du yoga, de la relaxation et de la respiration abdominale (voir p. 71).
Ce sont des méthodes agissant sur le plan physique. Côté mental, nous pouvons également éclairer notre conscience et résoudre nos difficultés par diverses approches comme la méditation de pleine conscience (voir p. 50) ou encore des thérapies énergétiques comme la technique de libération émotionnelle (voir p. 42).

10 bonnes raisons d'apprendre à vivre en harmonie avec ses émotions

1. C'est feel-good!

Cela vous permet de prendre conscience de celle que vous êtes vraiment, de vos besoins fondamentaux et de la façon dont vous pouvez les nourrir au quotidien. C'est une véritable source d'équilibre et de bien-être pour prendre enfin soin de soi et se respecter dans son unicité.

2. C'est un moteur de transformation pour reconnecter le corps et l'esprit

Nos émotions ont souvent tendance à nous diviser et à favoriser un climat de ruminations mentales sans fin. Prendre du recul pour avancer en harmonie à leur côté, c'est permettre une reconnexion corps-esprit nécessaire à notre équilibre intérieur.

En exprimant ce que vous ressentez, vous donnez la possibilité à votre corps de conserver son homéostasie, c'est-à-dire son équilibre intérieur.

3. C'est good vibes only!

Même si, parfois, écouter et décoder ses émotions vous paraît insurmontable, n'oubliez pas que c'est un fabuleux moyen de vous sortir de situations et relations toxiques. En prenant le temps de vous écouter, d'analyser vos ressentis, vous vous donnez la possibilité d'avancer et de cultiver votre bien-être au quotidien.

4. C'est un décodeur merveilleux

C'est un fantastique décodeur pour soi mais aussi pour les autres. Il vous permettra de vous connaître et d'accéder à une certaine forme de sagesse. Savoir nommer et exprimer ce que l'on ressent est un art que nous devrions tous prendre le temps de cultiver au quotidien!

5. C'est le moyen de purifier nos pensées

Au fil des saisons, notre corps a tendance à accumuler des toxines. Ces substances en excès sont souvent liées à notre alimentation, mais également à la pollution environnante. Ces toxines perturbent généralement le bon fonctionnement de notre organisme qui peine à les éliminer. Tout comme le corps physique, notre mental et notre esprit accumulent ce que l'on appelle des «toxines émotionnelles». Ces dernières sont généralement associées au stress chronique, à l'anxiété, la déprime, les regrets, la culpabilité, la jalousie, etc.
Il est donc essentiel de prévoir une détox au sens large (voir p. 43), afin d'évacuer les toxines qui engorgent notre corps et notre esprit.

6. C'est une baguette magique antistress!

C'est une baguette magique qui permet de trouver la sérénité en toute circonstance et de ne pas se laisser submerger par les émotions. Cela vous permettra de faire face, de façon apaisée, aux émotions qui vous traversent quotidiennement. c'est un moyen de transformer les émotions nocives ou envahissantes en émotions positives et de ne plus vous laisser submerger.

7. C'est booster sa confiance en soi!

Renouer avec vos émotions, c'est vous reconnecter à votre âme. C'est prendre le temps de vous apporter des moments de qualité et vous autoriser à «être» pleinement vous-même, pour développer votre côté parfaitement imparfait et votre authenticité.

8. C'est un ticket gagnant pour améliorer l'estime de soi

Avoir le sentiment de sa propre valeur, c'est se faire confiance, croire suffisamment en soi pour oser dire ce que l'on pense, faire ce qu'on juge devoir faire et en assumer sereinement les conséquences.

9. C'est un guide pour prendre les bonnes décisions

Pratiquer l'écoute active et devenir observateur de ses émotions, c'est développer son intuition. Cela vous permettra de reprendre en main les rênes de votre vie et d'acter des décisions qui font sens pour vous.

10. C'est se reconnecter à sa féminité pour se sentir plus épanouie

Vivre ses émotions en harmonie c'est aussi respecter votre féminité. C'est redonner leur place à vos qualités, à vos envies et vos besoins de femme, c'est prendre confiance en vous et oser prendre votre place : à la fois suivre et exprimer vos émotions et passer à l'action, réapprivoiser vos polarités yin et yang. C'est prendre le temps d'observer et de comprendre le fonctionnement de votre cycle et de l'accueillir avec bienveillance, car chaque phase du cycle, avec son ballet d'hormones, donne lieu à des émotions différentes qu'il est important d'écouter pour être en phase avec soi.

Chapitre 2

Comment décoder mes émotions ?

« Comment je fais, concrètement, pour comprendre mes émotions ? » C'est peut-être une question que vous vous posez assez souvent ? L'objectif est de vous guider dans le décodage et la gestion de vos émotions qui n'auront bientôt plus de secret pour vous… En toute circonstance vous saurez accueillir et écouter vos émotions. L'astuce good vibes ? Savoir détecter vos besoins immédiats ou profonds, afin de cohabiter de manière sereine avec vos émotions !

Quels sont mes besoins ?

Derrière mes émotions se cachent mes besoins

Une boussole interne

Vos émotions vous guident au quotidien : chaque situation fait naître une émotion, qui traduit chacune de vos expériences en terme d'expérience agréable ou désagréable, et ainsi vous informe de ce qui vous convient ou pas. Elles sont là pour vous permettre de comprendre si vous êtes sur le bon chemin ou si au contraire vous vous êtes trompée de direction. Grâce à elles, vous restez alerte en toute circonstance pour vous éloigner des mauvaises expériences et reproduire les bonnes. C'est donc une vraie boussole interne !

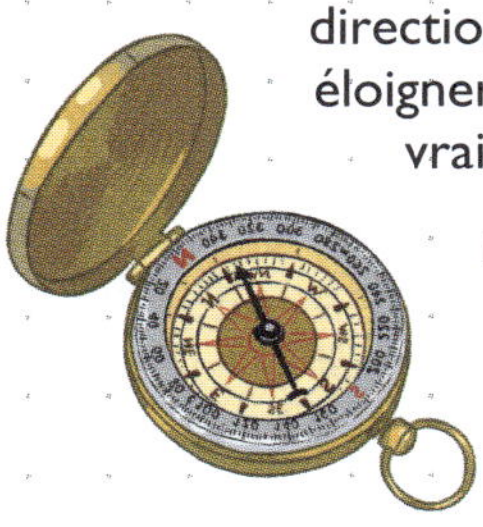

Mon GPS ? Derrière chaque expérience ou émotion vécues, qu'elles soient bonnes ou mauvaises, il est intéressant de vous demander : quel est le message ? Est-ce une émotion positive et négative ? De quoi ai-je besoin et que je n'obtiens pas dans cette situation ?

Besoin satisfait ou frustré…

Les émotions représentent ainsi l'opportunité de traduire vos besoins essentiels. Le problème, c'est que nous ne les décryptons pas souvent ainsi. En effet, il est bien plus facile de rester concentrée sur l'élément déclencheur de votre émotion en recherchant le « coupable » dans telle situation, plutôt que de prendre le temps d'analyser vos besoins. Et comme certaines d'entre elles peuvent déclencher des effets désagréables (peur, colère…), on est souvent peu désireuse de creuser, on n'en voit pas l'intérêt et on préfère les réprimer. Elles ont pourtant une grande valeur puisque ces émotions vous permettent de vous mettre face à la réalité. Ainsi chacune est reliée à l'un de vos besoins et, lorsque certains sont insatisfaits, ils déclenchent une réaction émotionnelle. Découvrez ci-dessous les besoins reliés aux 6 émotions primaires.

ÉMOTIONS PRIMAIRES	BESOINS
Joie	Créer un lien, partager et célébrer
Tristesse	Être écoutée et consolée, évoluer
Colère	Être entendue, comprise et respectée, être reconnue, être aimée
Peur	Être en sécurité, être sereine, être rassurée et réconfortée
Surprise	Faire face à l'imprévu
Dégoût	Se protéger et fuir ce qui n'est pas bon pour nous, préserver notre identité

Ensuite, précisez le besoin ! Par exemple, si vous prenez le temps d'écouter activement votre tristesse, vous pourrez entrevoir ce qui vous manque (comme par exemple de l'écoute et du soutien). L'objectif, une fois ce manque identifié, sera de rechercher comment vous pouvez le combler sereinement.

Émotion/besoin + action/réaction

Le besoin peut donc être considéré comme un manque qui provoque un sentiment de frustration, un déséquilibre interne. Le besoin se définit par les forces internes qui nous poussent à passer à l'action pour se satisfaire et retrouver l'équilibre. Ainsi, de chaque émotion ressentie découlent aussi des réactions, c'est-à-dire une action servant à combler le besoin exprimé par l'émotion.

Quand les émotions sont refoulées et incomprises

Vous n'avez pas l'habitude d'être à l'écoute de vos émotions ? On vous a plutôt appris à les refouler et à les réprimer ? C'est l'un des syndromes de notre société moderne !

Vous croyez être la seule à ressentir ce genre d'émotions et, lorsque vous vous retrouvez face à une personne qui vous comprend, vous le vivez comme un miracle, une connexion d'âme à âme?

Vous seule pouvez comprendre vos besoins et y répondre!

Lorsqu'on porte un masque pour entrer dans «le moule», on s'aligne sur des comportements et valeurs qui, au fond, ne nous correspondent pas. Ce genre de situation peut nous amener à de très grandes souffrances et frustrations émotionnelles. Jusqu'où sommes-nous capable d'aller pour nous sentir «acceptée» socialement? Nous attendons constamment de l'autre qu'il nous comprenne et réponde à nos besoins. Mais l'autre ne peut pas répondre à notre place à nos besoins essentiels. Il est important d'y répondre soi-même d'abord. Comment être respectée si l'on ne se respecte pas soi-même? Comment être aimée si l'on ne s'aime pas d'abord? Rechercher l'amour de soi à travers le regard de l'autre est l'une des premières causes de frustration émotionnelle dans un couple. Cela peut entraîner une rupture, car on ne se sent pas aimée à sa juste valeur et parfois même l'un des deux partenaires se sent enfermé dans une certaine forme d'exigence qui finit par restreindre son sentiment de liberté.

L'art d'exprimer ce qui me touche

Il est important de comprendre que les émotions ne sont pas seulement des ressentis ni des sensations individuelles qui vous traversent. Elles sont bien souvent l'expression d'une situation qui ne vous convient pas, qui vous frustre dans votre quotidien. Ne pas les écouter entraîne inlassablement un schéma de répétition avec bien souvent des répercussions sur votre état physique.

J'apprends à reconnaître mes besoins

Puisqu'une émotion est là pour vous pousser à réagir, si vous n'écoutez pas le message qu'elle cache, elle peut s'amplifier jusqu'à devenir un poids, qui vous entraîne vers le fond. D'où la nécessité de prendre le temps d'analyser vos besoins essentiels dans la vie, afin de les exprimer et d'y répondre clairement. Cela consiste, entre autres, à identifier vos sentiments, en assumer la responsabilité, savoir demander ce qui contribuera à votre bien-être et recevoir avec empathie ce que l'autre a à vous offrir en retour.

En pratique

Munissez-vous d'une feuille et d'un stylo et installez-vous confortablement au calme. Prenez quelques inspirations, afin de vous détendre et de vous connecter pleinement à l'instant présent.

Inscrivez en haut de votre feuille : «Mes souhaits».

Puis commencez à laisser remonter tous vos souhaits et désirs, qu'ils soient dans la sphère professionnelle, familiale, sentimentale… L'idée ici n'est pas de vous censurer, mais de laisser libre court à vos ressentis. Cet exercice vous sera très utile par la suite dans la création de la liste de vos besoins (voir p. 30).

J'exprime mes besoins pour + de bien être

Faire face à toutes les difficultés, en toute circonstance, comme une Wonder Woman, vous connaissez bien ? Et si on vous disait que ce temps-là est révolu ? Non, vous n'êtes pas une super héroïne ! Alors plutôt que d'attendre la phase finale du burn out, maintenant que vous savez décoder vos émotions et vos besoins, il est grand temps de les exprimer !

En pratique ça donne quoi ?

- **Évitez les formulations qui débutent par « tu ».** Privilégiez le pronom à la première personne car, oui, c'est bien de vous dont vous parlez ! Par exemple, au lieu de dire : « Tu ne m'écoutes pas », exprimez ce que vous ressentez : « J'ai besoin que tu sois d'avantage présent et à l'écoute lorsque je te parle. » Il s'agit ici de parler de soi et non à la place de l'autre.
- **Apprenez à dire non !** C'est le moment de restaurer votre confiance en vous ! Fini, le temps où l'on vous marchait sur les pieds. Apprenez à dire non quand vous ne pouvez pas prendre en charge un dossier supplémentaire, quand vous ne voulez pas donner ce coup de main… Respectez vos besoins en mettant des limites et en refusant. Entraînez-vous devant le miroir si besoin. Prenez votre place et osez l'occuper pleinement !
- **Exprimez vos besoins, pas vos contrariétés !** Dans une situation de conflits, on a tendance à se focaliser sur nos contrariétés, à exprimer notre colère et notre irritation, plutôt qu'à exprimer nos besoins ou nos attentes. En dépassant ces blocages et ces contrariétés temporaires, vous parviendrez à exprimer vos besoins en restant calme, bienveillante et déterminée. Beaucoup plus efficace pour obtenir satisfaction que d'exploser de colère !

De quoi ai-je besoin ?

Je fais la liste de mes besoins

Créer la liste de ses besoins nécessite de bien se connaître. Il est important de faire la distinction entre ces derniers et tout ce qui peut relever des désirs, souvent reliés à notre ego. Par exemple, le désir de gagner de l'argent est-il là pour répondre à votre ego (un désir de puissance, de domination, de reconnaissance…) ou bien pour répondre à votre besoin de vous épanouir dans un cadre stable et sécurisant ? Pour autant, ne cherchez surtout pas à diaboliser vos désirs. Cette analyse vous permettra de faire le point sur vous-même et d'apporter les corrections nécessaires à votre comportement. Voici un exercice qui vous permettra d'identifier vos différents besoins et de mettre en place une stratégie d'action afin de les satisfaire.

Besoins et désirs, quelle différence ?
La prise en compte de nos besoins est essentielle dans notre vie, il ne s'agit pas d'éléments optionnels que nous devons mettre de côté. Lorsqu'ils ne sont pas satisfaits, ils ont tendance à monopoliser toute notre attention et toute notre énergie. Il y a une distinction à entrevoir entre nos besoins essentiels et nos désirs. Au lieu de rechercher des stratégies pour les satisfaire sur le long terme, nous sombrons parfois dans des désirs déconnectés de nos vrais besoins et nous nous perdons à la poursuite d'une satisfaction éphémère.

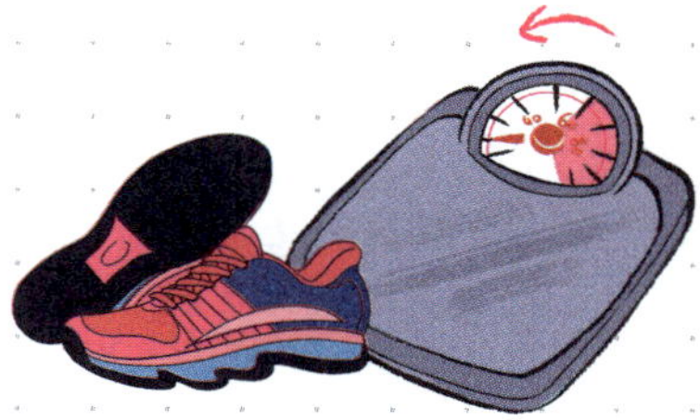

Étape n °1 : Choisissez dans cette liste et notez dans un carnet à part :

- un besoin à satisfaire dans les 3 prochains mois,
- et un autre dans l'année :

- Accorder plus de mon temps à…
- Aller au bout de mes actions
- Améliorer mon sommeil
- Apprendre de nouvelles choses
- Avoir confiance en moi
- Couper les liens avec certaines personnes
- Lancer de nouveaux projets
- Créer et/ou développer mon réseau professionnel
- Découvrir et utiliser mes talents
- Développer de nouvelles compétences
- Devenir plus autonome
- Essayer quelque chose de nouveau
- Être en sécurité
- Être moi-même
- Être présente pour les gens que j'aime
- Être reconnue
- Prendre du temps pour moi seule
- Exprimer mes émotions
- Exprimer mon talent artistique
- Faire du sport
- Gagner plus d'argent
- Lâcher prise
- Me détendre
- Me libérer de ma dépendance à…
- Me reposer
- Mieux gérer mes émotions
- Mieux gérer ma santé
- Mieux me connaître
- M'épanouir dans mon travail
- Perdre du poids
- Pleurer pour libérer mes émotions
- Prendre des risques
- Couper les ponts avec…
- Recevoir de la tendresse
- Relever des défis
- Renouer le contact avec mes parents
- Rire
- Savoir dire non à…
- Tester de nouveaux loisirs
- Tisser de nouvelles amitiés
- Transmettre des savoir-faire
- Trouver du temps pour vivre ma spiritualité
- Trouver un travail
- Vivre des moments entre amis
- Apprendre quelque chose de nouveau (langue, activité manuelle)
- Augmenter mes connaissances en…

Les 5 besoins de la vie selon Maslow

De nombreux auteurs ont exploré les différents besoins des êtres humains… L'une des théories les plus connues est celle d'Abraham Maslow, psychologue américain, qui a défini la pyramide de nos besoins globaux, à travers les 5 besoins principaux ou « les 5 piliers de la vie ».

1. **Nos besoins physiologiques** liés au besoin de survie : manger, boire, dormir, prendre soin de sa santé, respirer, faire du sport. Lorsque ce premier pilier n'est pas satisfait, il peut y avoir de la colère, voire de l'agressivité (quand le repos n'est pas suffisant, par exemple).

2. **Nos besoins de sécurité** liés au besoin d'organiser sa vie, afin de garantir une certaine forme de paix et d'assurance. Il est possible ici de ressentir une émotion de peur quand ce besoin de sécurité n'est pas rempli.
3. **Nos besoins d'amour et d'appartenance** liés à un besoin de sociabilité et à la nécessité de savoir que l'on compte pour les autres. Ce besoin peut entraîner une profonde tristesse si on a le sentiment d'être mise de côté, ou pire rejetée.
4. **Nos besoins de reconnaissance** liés aux signes d'encouragement et de présence de l'entourage. Il peut donc y avoir de la colère et de l'agressivité si on a le sentiment de ne pas être reconnue à sa juste valeur.
5. **Nos besoins d'accomplissement**, de réalisation de soi liés au besoin de s'affirmer dans son unicité. Le fait de ne pas réussir à donner du sens à sa vie ni d'exercer sa pleine créativité peut entraîner dans certains cas de la tristesse et de la colère, voire un certain abattement et la dépression. Il peut aussi y avoir des sentiments de révolte, d'irritabilité dus à une profonde colère qui va s'amplifier au travers de la comparaison et de la jalousie.

Ce qu'il est important de retenir ici, c'est que nous oscillons tous sur cette pyramide à différents niveaux et différents degrés, car nous sommes tous uniques. Ces besoins peuvent évoluer au fil des années.

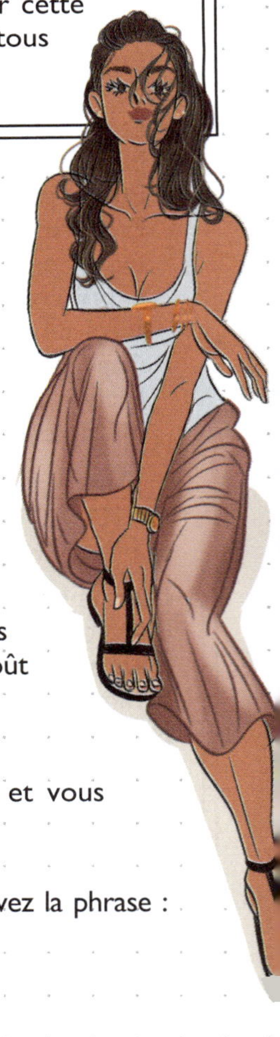

Étape n °2 : Une fois que vous avez identifié vos deux besoins prioritaires, **déterminez les émotions primaires et secondaires** associées en regardant le tableau p. 12. Cela vous permettra de repérer si ces émotions sont récurrentes ou non chez vous. Vous confirmerez alors que ces besoins sont bien centraux dans votre vie.

Étape n °3 : Développez une stratégie à travers la mise en place d'activités qui vous permettront d'atteindre la pleine satisfaction de ces besoins. Vous pouvez dans un premier temps déterminer toutes les actions à entreprendre, les moyens (humains, financiers, matériels…) et le temps que cela va vous demander, les éventuels obstacles qui peuvent empêcher la pleine réalisation de votre objectif et, enfin, les ressources nécessaires qui vont vous aider à y parvenir. Par exemple, vous avez besoin de développer de nouvelles compétences, ce qui nécessitera une analyse du domaine de prédilection dans lequel vous souhaitez vous perfectionner. Puis de faire des recherches sur les formations éventuelles, les délais d'apprentissage, le coût associé, les obstacles qui peuvent vous freiner, etc.

Mon mood board : « je prends ce dont j'ai besoin »

C'est l'outil inspirant qui va vous donner le coup de pouce nécessaire et vous motiver pour avancer vers la réalisation de vos besoins !

Comment ça marche ?

Sur un morceau de carton décoratif (à vous d'en choisir la dimension) inscrivez la phrase : « Prends ce dont tu as besoin aujourd'hui ».

Sur des post-it de différentes tailles et couleurs, vous allez écrire les termes suivants : Passion. Envie. Motivation. Amour. Créativité. Tranquillité. Courage. Inspiration. Liberté. Patience. Nouveaux objectifs. Encouragement. Rêves. Compréhension. Espoir. Foi. Buts. Positive attitude. Affirmation. Amusement. Rire. Célébration. Confort. Écoute. Douceur. Paix. Respect. Espace. Protection. Légèreté. Etc.
Collez chaque post-it sur le joli carton et mettez le tout bien en évidence.

L'objectif ? Dès que vous en ressentez le besoin, par exemple le matin avant de partir au travail, emmenez avec vous le post-it qui vous parle le plus. Vous pouvez aussi fermer les yeux et demander à être guidée vers votre besoin du jour.
Votre objectif de la journée sera de garder le post-it près de vous (pourquoi ne pas le coller dans votre agenda ou sur l'écran de votre téléphone ?) et de répondre au besoin qui y est lié, si vous le pouvez.

En rentrant le soir, replacez-le sur le carton parmi les autres. **Observez votre journée : avez-vous pu satisfaire ce besoin ?** Si oui, prenez le temps de vous remercier pour ce moment précieux. Si non, prenez le temps de noter spontanément dans votre bullet ou cahier ce qui vous vient à l'esprit et ensuite analysez ce qui a éventuellement pu entraver sa satisfaction. Comment pouvez-vous rectifier cela sur le long terme ? N'hésitez pas à faire l'exercice intitulé « la liste de mes besoins » (voir p. 30) pour vous permettre de mettre en place une stratégie et un plan d'action.

Je décrypte mes ressentis

Décoder vos émotions ne se limite pas à la découverte de vos besoins, il s'agit également d'observer vos ressentis. Lorsque vous êtes au clair avec ce que vous ressentez, vous avez l'opportunité d'accéder à une relation plus saine avec vous-même mais aussi avec votre entourage.

Focus sur mes pensées : je me mets à l'écoute

Il est essentiel d'être à l'écoute de vos pensées quotidiennes. Sont-elles positives ou négatives ? Il est primordial de déterminer celles qui pourraient éventuellement vous entraver, vous limiter ou poser des problèmes dans votre quotidien.

« Nous sommes ce que nous pensons. Tout ce que nous sommes résulte de nos pensées. Avec nos pensées, nous bâtissons notre monde. » Bouddha

Quelques exemples de pensées négatives (parfois automatiques)	Quelques exemples de pensées positives
Je fais toujours tout de travers	Tout est possible
Je loupe tout	J'y arrive toujours
Je suis un désastre	Je suis capable
Tout le monde se moque de moi	Je suis forte
Je suis nulle	Je suis extraordinaire
Personne n'apprécie mon travail	Je m'aime
Je n'ai pas les moyens	Je suis formidable
C'est trop dur	Je vais réussir
Ce n'est pas possible	J'ai de la chance
Je n'y arriverai jamais	Ma vie est magnifique
J'en peux plus	Je suis positive
J'en ai marre/ras le bol	Je dépasse les obstacles
Ça me gonfle/gave	Je suis lumineuse
J'en ai plein le dos	Je suis en forme
Je ne peux pas	
Je n'aime pas	
Je ne m'en sortirai jamais	
Je suis ridicule	
À quoi bon ?	
Je ne suis pas normale	
Il faut	
Je dois	
C'est trop compliqué	
La vie est trop injuste	

Prenez le temps de les identifier et de les noter dans un carnet. Les mettre sur papier vous permettra de prendre conscience de ces pensées automatiques.

Good vibes only?

Vous avez pris le temps de faire le point sur vos pensées. Vous avez pu identifier les pensées négatives qui perturbent votre quotidien ? Comment les modifier et les remplacer par des pensées constructives, épanouissantes, qui font du bien ? Quel est l'antidote feel good à la morosité ?

- **Prendre sa part de responsabilité** sur ce que vous pouvez ressentir et y apporter des résolutions viables. On appelle cela « la responsabilité émotionnelle », c'est-à-dire que l'on assume pleinement tout ce qui nous appartient, que ce soient nos émotions, nos pensées ou les comportements qui ont pu en découler. À partir de ce moment-là, vous ne tenez plus les autres pour responsables.

- **Admettre que, parfois, on peut faire des choses bêtes** mais que cela ne constitue en rien son quotidien et que ça ne nous définit pas.
- **Comprendre que ceux qui vous entourent sont des êtres humains** et qu'il peut aussi leur arriver de faire des erreurs. Donc déculpabilisez : vous aussi avez droit à l'erreur.
- **Remplacer chaque pensée négative par une pensée positive opposée.** Vous pouvez vous aider de la liste vue p. 34. Par exemple, dans votre job, si vous pensez : « On va m'exclure de ce projet », faites le point. Après tout, pour le moment, rien n'est fait et rien ne prouve que ça se produira. Et même si cela devait arriver, il est peut-être temps pour vous de préparer un plan B… Plutôt que de rester dans la rumination, essayez de reformuler les choses en vous ajustant à la situation.

- **Cultiver des pensées constructives et feel good** pour booster votre quotidien.
- **Noter des citations** qui vous inspirent.
- **Créer une incantation positive et puissante** en commençant par « Je suis ». Par exemple : « Je suis amour », « Je suis pleine de joie »…
- **Réciter 20 fois par jour, matin et soir,** la célèbre affirmation positive d'Émile Coué : *« Tous les jours, à tous points de vue, je vais de mieux en mieux. »*

Pour ancrer vos émotions positives, vous pouvez mettre 2 gouttes d'huiles essentielles de petit grain bigarade (*Citrus aurantium* ssp. *amara*) sur vos poignets et respirer. Cette huile essentielle apporte un sentiment de réconfort et de sécurité.

Le langage de mes émotions

Avez-vous déjà pris le temps d'observer votre gestuelle lorsque vous vous exprimez ou ressentez une émotion ? Lors d'une présentation orale, avez-vous déjà remarqué que vous étiez en train de parler avec les mains ? On appelle cela la communication (ou le langage) non verbale. Elle peut d'ailleurs parfois nous trahir et exprimer physiquement à l'autre ce que nous ressentons intérieurement, comme de l'agacement, par exemple. Il apparaît ainsi que notre langage verbal agit de manière inconsciente *via* nos postures, notre style, notre gestuelle, notre voix, nos mimiques, intonations, expressions, contacts physiques, mouvements, etc. En connaissant votre langage du corps, vous pourrez mieux vous comprendre, agir pour gommer ce que vous ne souhaitez pas que l'on perçoive de vous et, ainsi, gagner plus de confiance en vous !

Premier pilier : la voix

Elle vous permet d'exprimer vos pensées. Rien qu'au timbre de la voix, il est possible de déterminer si une personne est stressée, agacée ou apeurée ou, au contraire, détendue, souriante, confiante, etc.

En pratique

Réguler le timbre et le débit de sa voix, ça s'apprend ! Prenez le temps de vous enregistrer, c'est le meilleur moyen de déterminer votre profil. Êtes-vous plutôt du genre affirmé ou énervé, par exemple ?

Voici quelques repères :

- ○ Je parle très fort
- ○ Mes intonations sont très ponctuées
- ○ Ma voix est neutre et monocorde
- ○ Le volume sonore de ma voix est très faible
- ○ Je n'articule pas beaucoup

Une fois que vous avez repéré vos forces et vos faiblesses, vous pouvez travailler les éléments nécessaires : ton, articulation, volume, etc. Vous pouvez vous entraîner et vous enregistrer à nouveau pour constater votre évolution. Par exemple, on vous a déjà fait remarquer que lorsque vous cherchez à vous exprimer, vous avez tendance à parler très fort. En régulant le niveau sonore et le ton de votre voix, vous parviendrez à mieux faire passer votre message.

Deuxième pilier : la posture

La posture que nous adoptons face à une personne envoie des messages très clairs sur ce que nous ressentons au fond de nous. C'est surtout visible selon la position générale du corps et surtout l'inclinaison de la tête. Par exemple, une personne triste et abattue, qui manque de confiance en elle, aura souvent les épaules rentrées vers l'intérieur, le dos courbé et la tête inclinée vers le bas. Au contraire, une personne confiante aura les épaules bien en arrière, le dos bien droit et la tête relevée.
Cultivez de belles émotions en cultivant une bonne posture, car si la posture permet de décoder votre état d'esprit, elle permet aussi d'agir sur lui.

En pratique

Passez à l'action en adoptant une gestuelle feel good qui vous donnera l'attitude d'une personne qui a confiance en elle.

- Redressez-vous, gardez le dos bien droit. Si vous êtes assise par exemple, surtout ne vous laissez pas tomber en arrière dans votre siège, adoptez l'attitude du « winner », poitrine haute, regard franc et concentré…
- Ouvrez la poitrine.
- Relâchez les tensions dans vos épaules.
- Souriez !
- Marchez avec prestance la tête haute en balançant bien vos bras de chaque côté. Répétez une incantation positive ou un mantra si besoin pour vous aider (par exemple : « J'ai confiance en moi et en mes décisions. »).

Troisième pilier : la gestuelle

Chacun de vos gestes peut être source d'analyse et d'interprétation de vos émotions et de votre personnalité. Par exemple, tendre une poignée de main très ferme ou bien molle, parler avec les mains… Là aussi, il est intéressant d'en prendre conscience, afin d'identifier les émotions qui se cachent derrière votre gestuelle et d'apporter quelques mesures correctives. Par exemple, lorsque vous croisez vos bras lors d'une discussion, cela signifie inconsciemment que vous cherchez à vous protéger.

Mon décodeur magique : le décryptage de mes émotions en pratique

Voici un petit récap pour décrypter vos ressentis sur tous les points abordés dans ce chapitre. Vous pouvez utiliser pour cela votre carnet ou journal de bord émotionnel.

Mon défouloir : trash mood du jour

Il est possible de prévoir quelques pages dans ce carnet pour travailler sur les émotions négatives que vous pouvez parfois ressentir durant la journée : la grève des transports qui vous met en retard de bon matin, votre chef qui vous soumet un dossier supplémentaire alors que vous êtes débordée… Créez une page « trashy » ou « défouloir » où vous pourrez jeter pêle-mêle toutes les pensées et « bavardages » mentaux qui vous encombrent, sous forme de mots, de phrases, de dessins… C'est l'endroit idéal pour vous lâcher sans jugement et sans contrainte, bref, votre espace privilégié pour « râler » !

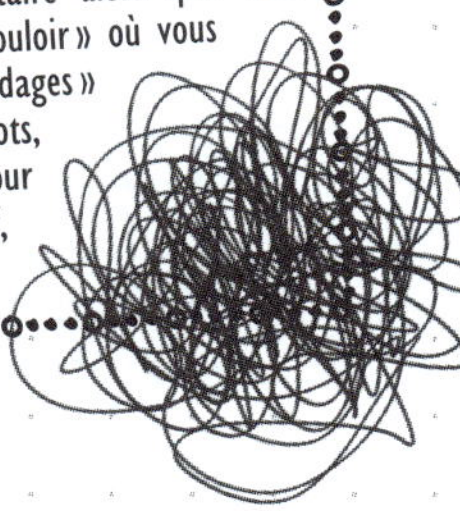

Émotions	Pensées	Besoins	Langage non verbal
Décrivez la gamme des émotions que vous avez ressenties.	Quels types de pensées avez-vous eues ?	Insatisfait ou satisfait ?	Que faites-vous ?
J'ai peur de prendre la parole en public lors d'une conférence ou une réunion de travail	*« Je ne vais pas y arriver. »*	*Besoin de confiance en soi, besoin de se sentir confortable, en sûreté intérieure*	*Voix basse, débit trop rapide, gestes avec des tics apparents, regard fuyant…*
C'est à vous !	....	....	....

J'apprends à gérer mes émotions en 7 étapes

Prendre conscience des ressentis qui nous traversent, c'est déjà un grand pas. On est alors capable de les reconnaître et de réaliser qu'elles influencent notre quotidien. C'est lorsque l'on observe l'impact de nos émotions sur notre état intérieur que l'on prend conscience qu'elles peuvent nous transformer ! On comprend que même les émotions désagréables sont là pour nous donner une leçon de vie, nous aider à changer ce qui ne nous convient pas et nous épanouir… Une véritable voie de sagesse intérieure.

L'objectif ? Faire le point toutes les semaines et observer les schémas de répétition éventuels : quelles sont les émotions reliées, dans quels contextes ou situations se sont-elles manifestées ? Quelles stratégies pouvez-vous adopter pour, d'un côté, optimiser les émotions positives et, de l'autre, transcender les émotions moins agréables ?

Étape 1 : faites le point en utilisant l'échelle émotionnelle

Lorsque vous avez repéré une émotion, agréable ou non, vous pouvez utiliser l'échelle émotionnelle, afin de noter l'intensité de celle-ci. Ce genre d'exercice permet de prendre conscience de l'impact des émotions. Parfois on se sent démunie et stressée sans avoir conscience des effets que cela peut avoir sur notre corps. Ce n'est que lorsque nous déclarons une maladie que nous réalisons l'amplitude de cette émotion. Savoir évaluer l'intensité émotionnelle permet de dire stop lorsque l'émotion est trop forte, nous alertant sur une situation trop dangereuse pour soi.

Comment je m'y prends ?

Prenez le temps de faire le point sur ce que vous ressentez à un instant T et ajoutez-y une note entre 0 et 10.

- 0 = pas d'émotions, état intérieur très calme
- 10 = émotion intense (grande colère, détresse, anxiété, euphorie…)

Vous pouvez par exemple effectuer ce genre de scan émotionnel une fois par jour et noter le résultat dans votre journal de bord émotionnel, votre agenda ou sur votre téléphone.

Émotion identifiée :………………………………

1	2	3	4	5	6	7	8	9	10
☐	☐	☐	☐	☐	☐	☐	☐	☐	☐

➡ Si votre score est haut, dites stop et lâchez prise grâce aux étapes suivantes. Une fois les 6 étapes effectuées, vous pourrez mesurer à nouveau l'intensité afin de savoir si vous avez réussi à la diminuer. Dans la durée, cette échelle vous servira de repère concernant votre capacité à diminuer l'intensité de vos émotions au quotidien.

Étape 2 : observez l'impact de vos émotions sur votre corps

Positionnez-vous en observateur de votre corps

Comme vous le savez maintenant, « ce qui ne s'exprime pas s'imprime ». Ce qui veut dire que toutes les émotions que nous réprimons ou refoulons au quotidien finiront par trouver une voie d'expression pas forcément bénéfique (malaise, tensions corporelles, blocages…).

Comment faire ?

- Utilisez la méditation et le body scan pour repérer vos ressentis corporels (voir p. 16) : vos émotions affectent-elles votre rythme cardiaque, votre ventre, la température de votre corps, les extrémités de vos doigts ou de vos orteils, vos muscles ou votre peau ?
- Qu'en est-il de votre langage corporel ? Teint rouge, regard abattu ou furtif, gorge sèche, bouche ouverte, regard méprisant, yeux qui pétillent, etc.

Notez tous vos ressentis sur votre carnet. Cela vous permettra de mieux vous connaître et d'identifier plus facilement les émotions en jeu *via* les ressentis. Vous pouvez aussi vous aider du tableau des symptômes p. 20.

Étape 3 : identifiez les déclencheurs émotionnels

Toute émotion est précédée d'un élément déclencheur qu'il est important de déterminer lorsque l'on souhaite apprivoiser ses émotions. Les sources peuvent être des sujets, des personnes ou bien des situations qui nous touchent. Il est donc essentiel de prendre le temps d'analyser ces éléments lorsque vous avez ressenti de fortes émotions. Demandez-vous toujours d'où elles venaient.

Quelques déclencheurs

- La perte, le manque ou un deuil, **en cas de tristesse**.
- L'injustice, l'atteinte à son intégrité, des obstacles, **dans le cadre de la colère**.
- Une menace, un danger, **en cas de peur**.
- Le désir, l'accomplissement, **en cas de joie**.

Comment je m'y prends?

Vous pouvez utiliser votre journal de bord émotionnel, c'est votre guide et compagnon fidèle dans ce chemin d'apprentissage sur vous-même. Pour chaque émotion faisant un score élevé sur votre échelle émotionnelle, notez le déclencheur. Faites-le chaque jour, afin d'identifier les déclencheurs habituels pour ensuite développer des stratégies qui vous permettront de les éviter ou de prévenir les émotions négatives.

Étape 4 : déterminez vos réactions

Nous passons la plupart de notre temps à nier nos émotions. Il est temps aujourd'hui pour vous de chercher à comprendre pourquoi cet élément déclencheur vous dérange autant… Qu'est-ce que cela vient toucher dans votre histoire personnelle? À quoi cette situation, cet élément déclencheur fait écho en vous?

Étape 5 : identifiez quelles sont les conséquences

Quelle va être la conséquence de cette émotion sur votre humeur, vos choix, vos prises de décision, votre efficacité dans vos activités, vos relations ? Il est important ici de comprendre vos mécanismes réactionnels. Quelles sont les réponses émotionnelles positives ou négatives que vous utilisez habituellement ? Par exemple, une crise de larmes en cas de colère, une difficulté respiratoire en cas de peur, un immense sursaut en cas de surprise, un cri d'enthousiasme en cas de joie, etc.

L'objectif? Changer vos réactions négatives pour du positif!

Vous avez aujourd'hui la capacité de répondre positivement si vous le souhaitez. Ou de trouver l'outil qui vous permettra de réduire l'intensité de vos réactions négatives.

Posez-vous les bonnes questions!

Est-ce que cette situation ou cette personne en vaut vraiment la peine ?
Par exemple, vous vous énervez parce que la grève des transports vous empêche de rejoindre votre travail ? C'est un élément que vous ne pouvez pas maîtriser, vous énerver face à cela ne vous apportera pas de solution et ne fera que développer votre anxiété.

Mes 4 outils pour zapper les réactions négatives!

Vous pouvez par exemple :

- Penser aux affirmations positives (dans le cas des grèves, par exemple : « je ne suis pas responsable de la situation ni même la seule concernée, je fais de mon mieux en toute circonstance. »).
- Faire une pause pour prendre de la distance et analyser la situation, travailler votre respiration pour revenir à vous et vos pensées. Évitez de vous laisser embarquer dans des états émotionnels source d'anxiété. Dans des moments de détresse, vous pouvez notamment visualiser un panneau « stop » pour inciter votre mental à se calmer et prendre du recul sur la situation.
- Méditer quelques instants, afin de vous centrer et de retrouver le calme en cas d'énervement ou d'agressivité (voir p. 50).
- Pratiquer une activité sportive ou utiliser un outil antistress pour libérer vos tensions (voir p. 51).

Étape 6 : acceptez et exprimez vos émotions afin d'en réduire l'intensité

Les réponses émotionnelles (joie, enthousiasme ou bien agacement, déception, mépris...) sont là pour nous guider et nous aider dans notre cheminement personnel. Même si cela est parfois pénible à vivre dans un premier temps, il est essentiel de les accueillir avec bienveillance. Accepter nos émotions quelles qu'elles soient, les laisser circuler dans notre corps, c'est leur permettre dans un premier temps de s'exprimer, pour pouvoir ensuite en amoindrir l'intensité.

En pratique

Visualisez l'émotion. Elle vous parcourt comme une onde qui passe mais ne s'imprime pas dans votre corps. Votre corps est un vaisseau.

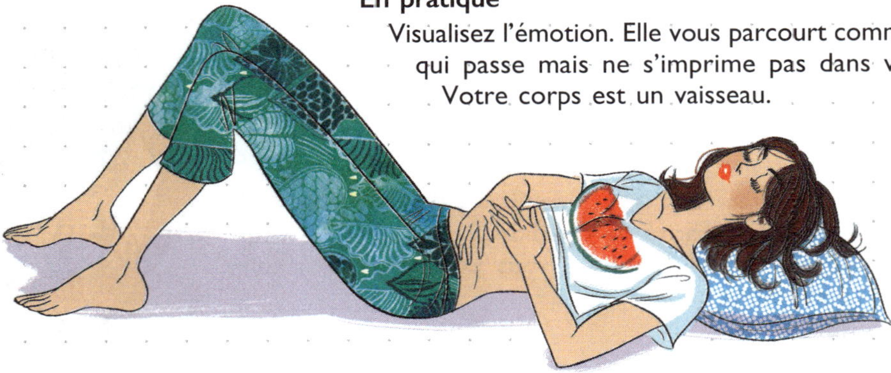

Étape 7 : lâchez prise pour vous libérer et vous épanouir enfin

Finalement, c'est quoi le lâcher prise ? On en a souvent une image mentale erronée, le petit yogi en posture de méditation qui ne bouge pas d'un fil, vous le visualisez ?
Eh bien, ce n'est pas ça, le lâcher prise ! C'est accepter de ne pas contrôler ni maîtriser ce qui vous arrive. Exit, les tourments et ce qui vous empêche d'avancer ou vous fait souffrir dans votre vie ! On fait place nette à tout ce qui peut nous faire du bien !

Comment faire ?

C'est le cumul des 6 étapes précédentes qui va vous permettre d'accéder au lâcher prise. Plus vous prendrez le temps de vous observer et de comprendre vos mécanismes de fonctionnement et de réaction, plus vous allez réussir à gommer certaines de vos réactions négatives pour en favoriser d'autres, plus bienfaisantes. Et si cela vous paraît parfois encore trop compliqué, n'hésitez pas à vous poser et à respirer calmement en n'oubliant pas que chaque chose vécue est là pour vous permettre d'accéder à la meilleure version de vous-même. La chute fait partie de l'expérience, c'est un moteur qui nous permet de nous adapter et de trouver des réponses complémentaires.

Chapitre 3

Je fais une détox émotionnelle

Notre corps emmagasine au fil des années de nombreuses émotions réprimées. Ce processus mystérieux, appelé « refoulement », nous engorge de déchets émotionnels que notre corps et notre esprit peinent à évacuer. Alors, plutôt que d'attendre la saturation, vous pouvez agir en effectuant une détox émotionnelle. L'objectif ? Nettoyer votre cœur et votre esprit de tout ce qui vous empêche d'avancer. Il est essentiel pour cela de pouvoir identifier les surcharges émotionnelles et de calibrer un programme d'évacuation adapté à votre quotidien. S'il est courant de prendre des précautions pour une détox physique, c'est encore plus vrai lorsque nous parlons de nos émotions. Ce programme est donc une invitation à venir au cœur de vos émotions, afin de les libérer de la manière la plus écologique possible.

Où se localisent mes surcharges émotionnelles ?

S'il est courant d'observer des surcharges ou encrassements de toxines (déchets) dans notre corps, dans ce que nous appelons les émonctoires (organes filtres responsable de l'évacuation de ces dites toxines, à savoir : poumons, reins, intestin, foie et peau), il existe également des toxicités d'ordre psychologique, autrement dit des « toxines émotionnelles ». Comment identifier leur présence ? Et surtout quelles en sont les répercussions sur notre organisme ?

Les symptômes de l'épuisement émotionnel

Ce sentiment d'explosion intérieure que l'on peut ressentir parfois lorsque rien ne tourne rond, ça vous parle ? Comme un sentiment d'impuissance face à un enchaînement de situations

que l'on n'avait pas vu venir ou bien une to-do list qui ne cesse de s'allonger avec tout ce que l'on doit accomplir ? Ou encore la peur que l'on peut ressentir face à l'insécurité du monde dans lequel nous vivons ou la colère face à l'injustice au sein de notre société. C'est le concept même de la « charge mentale », celle qui fait bouillir notre cerveau. Constamment en ébullition, il nous est impossible de déconnecter, de nous positionner sur le mode OFF. Nous avons tendance à accumuler sans cesse de nouvelles tâches à réaliser. On doit penser à tout, tout le temps, sans jamais relâcher la pression.

Il ne s'agit en aucun cas d'un choix que l'on a effectué, on n'a pas le choix ! C'est d'ailleurs bien souvent le genre de propos que l'on entend : « Je n'ai pas le temps », « Je ne peux pas », « J'aimerais, mais c'est impossible »… Bref, on glisse peu à peu dans un cercle vicieux qui nous pousse au stress et à l'épuisement émotionnel.

Les raisons qui nous poussent à la surcharge mentale et émotionnelle
Nous faisons face à la surabondance d'informations, diffusées en continu sur des chaînes spécialisées, à l'omniprésence des réseaux sociaux qui créent une somme d'exigences (de contenus, d'échanges) et de recherche de la perfection, à l'insécurité de notre société, aux conflits de valeurs et de crise de sens, aux martelages de publicités de plus en plus agressives, aux luttes féministes (#metoo), à l'épuisement et au harcèlement professionnel, aux scandales écologiques… Nous sommes donc les victimes permanentes d'un système qui sollicite en excès nos émotions !

Les différents types de toxines émotionnelles

Il existe de nombreuses toxines émotionnelles qui découlent de nos émotions, sentiments, humeurs et états d'âme. Ces nuisances parfois quotidiennes nous épuisent, plombent notre énergie, perturbent notre équilibre et notre mental.

En voici une liste non exhaustive…

- Abattement
- Humiliation
- Stress chronique
- Anxiété
- Contrariété
- Angoisses
- Déprime
- Colère
- Méfiance
- Sentiment d'aliénation
- Nostalgie
- Sentiment d'infériorité
- Amertume
- Regrets
- Perte de sens
- Insécurité
- Préoccupations
- Remords
- Honte
- Jalousie
- Frustration
- Tristesse
- Mépris
- Culpabilité

Ai-je besoin d'une détox émotionnelle ?

Êtes-vous capable d'identifier les signaux qui indiquent chez vous une intoxication émotionnelle ? Quels sont les éléments à observer ? Prenez du recul et identifiez les signes qui vous percevez.

SOS !
Vous pouvez demander à votre entourage de vous aider. Parfois on a tellement la tête dans le guidon que l'on est incapable de faire face à la réalité. Pire, on réprime tout ce que l'on ressent et on refuse d'admettre la vérité. Accepter de se faire aider, c'est un premier pas pour inverser le processus d'autodestruction en cours.

Les signes d'un point de vue comportemental…

Cochez les propositions qui vous correspondent :

- ☐ Sur la défensive et parfois irritable
- ☐ Baisse de confiance en vous
- ☐ Sentiment d'échec
- ☐ Trop critique, avec une attitude cynique
- ☐ Émotions à fleur de peau
- ☐ Éteinte, dans une forme d'apathie
- ☐ Manque d'entrain et de motivation
- ☐ Épuisement physique
- ☐ Insomnie
- ☐ Isolement
- ☐ Perte de mémoire
- ☐ Difficulté à penser et vous concentrer

Les signes d'un point de vue physique…

Cochez les propositions qui vous correspondent :

- ☐ Boule au ventre
- ☐ Tensions musculaires
- ☐ Palpitations cardiaques
- ☐ Vertiges
- ☐ Nausées
- ☐ Fatigue intense
- ☐ Troubles de l'alimentation
- ☐ Compulsions
- ☐ Maux de tête
- ☐ Troubles digestifs
- ☐ Perte ou gain de poids
- ☐ Infections fréquentes
- ☐ Problèmes cutanés

➾ Vous avez coché 5 cases ou plus ? Vos émotions vous plombent, la détox émotionnelle s'impose !

➾ Vous avez coché moins de 4 cases ? Vos émotions ne vous intoxiquent pas, mais une petite détox émotionnelle vous allègera pour vous sentir encore mieux au quotidien !

Je réalise mon autodiagnostic avec la médecine traditionnelle chinoise

La médecine traditionnelle chinoise (MTC), quèsaco?

Et si nous prenions le temps d'observer nos émotions au travers d'un prisme différent, celui de la MTC? Il s'agit d'une médecine ancestrale, vieille de plus de 2 500 ans, qui associe dans une vision de soin holistique l'acupuncture, l'énergétique (qi gong, tai chi, yin/yang), les moxas (stimulation de points d'acupuncture par la chaleur), la phytothérapie chinoise, la diététique et les massages. Contrairement à la vision de la médecine occidentale, elle s'intéresse au maintien de l'équilibre entre le corps et l'esprit. L'homme est donc considéré dans sa globalité. Le fondement de cette médecine repose sur l'observation des phénomènes de la vie. La MTC repose donc sur certains grands concepts clés comme l'équilibre entre le yin et le yang, les 5 éléments et les énergies…

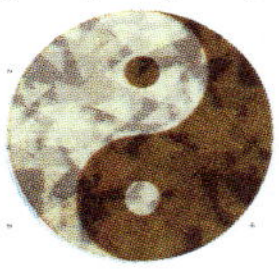

Le yin/yang

Le symbole du yin et du yang indique que toute chose fait partie d'un tout et peut être définie par son opposé. Par exemple : la nuit est l'absence de jour, la sécheresse est l'absence d'humidité ou bien la lune est l'absence de soleil.

Quelques éléments associés au yin et au yang :

YIN	Terre	Lune	Sombre	Nuit	Matière	Féminin	Froid
YANG	Ciel	Soleil	Lumineux	Jour	Énergie	Masculin	Chaleur

L'objectif? Qu'il existe une forme d'équilibre entre les principes opposés. Nous avons d'ailleurs tous en nous une part de yin et une part de yang qui tentent de s'équilibrer dans notre quotidien.

Les 5 substances vitales

Elles s'harmonisent autour des 5 éléments et permettent au corps d'être en vie…

- L'énergie (*qi*) qui représente la «force vitale», coule au travers des méridiens (points énergétiques qui parcourent le corps).
- L'esprit (*shen*), stocké dans le cœur, correspond à la partie yang du *Qi* qui est responsable de la régulation de nos émotions. Il est le marqueur de notre vitalité.
- Les essences (*jing*) correspondent à notre patrimoine génétique (parents) et notre style de vie (environnement).
- Le sang (*xue*) est responsable du transport de la nourriture et des liquides vers les organes, tissus et os du corps.

- Les liquides (*jinye*) sont représentés par les sécrétions nasales, la salive, les larmes, la sueur, etc.

La loi des 5 éléments (Bois, Feu, Terre, Métal, Eau)

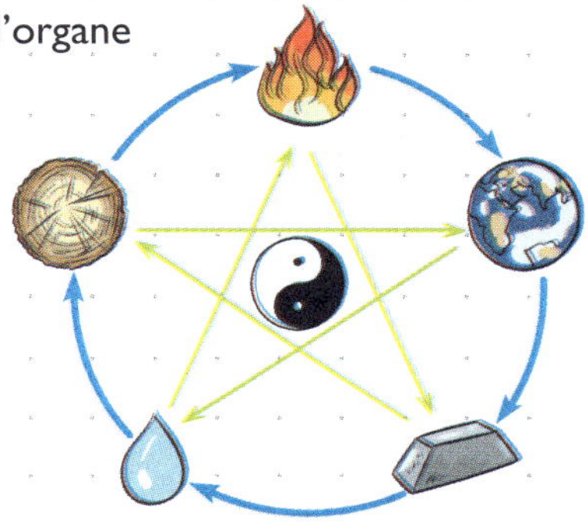

- Le Bois symbolise la naissance, le printemps et est lié à l'organe foie et aux entrailles « vésicule biliaire ».
- Le Feu symbolise la croissance, l'été, et est lié à l'organe cœur et aux entrailles « intestin grêle ».
- La Terre symbolise la maturité, l'intersaison (été indien, en septembre) et est liée à l'organe rate et aux entrailles « estomac ».
- Le Métal symbolise le déclin, l'automne, et est lié à l'organe poumons et aux entrailles « gros intestins ».
- L'Eau symbolise la mort, l'hiver, et est lié à l'organe reins et aux entrailles « vessie ».

Équilibre intérieur ou dysfonctionnement

Le principe de la MTC repose sur l'étude et l'analyse de ces forces qui agissent sur notre équilibre intérieur au quotidien. Lorsque le corps est déséquilibré, l'énergie (ou le *Qi*) peut s'accumuler ou bien être déficient dans certains points stratégiques du corps et laisser apparaître ce qu'on appelle communément des « symptômes » du déséquilibre, c'est-à-dire des dysfonctionnements.

Le lien entre les émotions et les organes

7 sentiments associés à 7 organes

La MTC, contrairement à la médecine occidentale, identifie 7 sentiments reliés aux 5 organes principaux (foie, cœur, rate, poumons, reins). Les sentiments ou émotions toxiques sont les suivants : la joie lorsque celle-ci est excessive (hyperactivité, euphorie, frénésie), la colère, l'anxiété, les soucis, la tristesse, la peur et la frayeur. Ces sentiments et émotions sont reconnus comme étant la cause principale de dysfonctionnements énergétiques. La somatisation, en médecine chinoise n'est donc pas perçue comme quelque chose de négatif – comme cela peut être le cas en Occident – mais comme l'expression d'un dysfonctionnement intérieur.

Comment se manifeste un dysfonctionnement aux niveaux physique et émotionnel ?

Lorsque l'un de nos organes dysfonctionne, notre corps et notre esprit vont alors exprimer l'émotion qui lui est reliée. Par exemple, des troubles digestifs chroniques vont entraîner un déficit sur l'organe rate, ce qui aura pour répercussion une activité mentale agitée avec des ruminations sur des événements passés.

Élément	Bois	Feu	Terre	Métal	Eau
Organe	Foie	Cœur	Rate	Poumons	Reins
Entrailles	Vésicule biliaire	Intestin grêle	Estomac	Gros intestin	Vessie
Sentiments	Colère	Joie	Inquiétude	Anxiété/ Tristesse	Peur
Émotions toxiques	Irritabilité, saute d'humeur, frustration, dépression, agressivité, rage, vengeance	Rire excessif, euphorie, hyperactivité, manque de concentration	Rancœur, nostalgie, ressassement, ruminations mentales sur des événements passés, mélancolies, accablement, renoncement, apitoiement	Pleurs, oppression, désespoir, vulnérabilité, incapacité à lâcher prise, chagrin profond non exprimé	Phobies, manque de confiance, surmenage, burn-out, affolement

L'antidote nécessaire à la régulation de son énergie

Que ce soit en médecine chinoise ou en médecine occidentale, nous restons maître de nos émotions et sommes en tout point capable de les gérer. Il existe donc des «antidotes», qui permettent de réguler l'énergie de l'organe touché, qu'il est bon de cultiver au quotidien.

Comment on s'y prend?

- **Servez-vous du décodeur magique** (voir p. 37)! Avec ce décodeur et le tableau ci-dessus, déterminez les sentiments et émotions toxiques qui vous déstabilisent en ce moment, pour vous permettre d'identifier l'antidote adéquat ci-dessous.
- **Puis appliquez les conseils qui se réfèrent à chaque antidote** en vous fixant des objectifs quotidiens. Vous pouvez vous aider d'un bullet journal ou de votre agenda pour surveiller l'application de ces conseils et prendre conscience des résultats.

En cas de colère, irritabilité, frustration ➾ élément Bois relié à l'organe Foie

L'antidote? Sortir de l'esclavage émotionnel et prendre du recul

Lorsque l'on est agacée et irritée, c'est en général parce que nos besoins ou nos attentes ne sont pas respectés. Nous avons la fâcheuse tendance d'attendre de l'autre qu'il réagisse comme nous le ferions. Par exemple : vous espérez que votre collègue vous aide dans la réalisation d'un dossier… Or, ce qui peut paraître «évident» ou «essentiel» à vos yeux ne l'est pas forcément pour tout le monde. Il est donc primordial pour votre bien-être de prendre de la hauteur en cherchant à développer de nouvelles vertus comme la patience, la douceur ou la tempérance.

Comment faire?

1. Dans un premier temps, la prise de recul sur la situation que vous êtes en train de vivre va vous permettre de vous détacher émotionnellement de ce que vous ressentez, mais, surtout de vous poser les bonnes questions. «Pourquoi suis-je en colère? Qu'est ce qui me frustre exactement? Quels besoins essentiels ne sont pas comblés?»
2. Dans un second temps, cette prise de recul va vous permettre de réfléchir de manière préventive aux vertus qui vous manquent dans la situation impliquée. Serait-ce le fait d'échanger, de communiquer avec les autres avec patience, indulgence, tempérance ou encore simplement plus de douceur?
3. Notez vos émotions dans un journal de bord émotionnel sur une page dédiée, par exemple : «Ma page à ébullition». Vous vous sentirez déjà beaucoup plus patiente et indulgente après ça!
4. Prenez donc le temps de poser vos besoins et vos attentes, afin de les exprimer à l'autre dans une communication positive et constructive.

Je fais un pacte anti-colère Faites avec vous-même le pacte de sortir de ce cercle négatif et répétitif. Dans chaque situation vécue, demandez-vous :

- Est-ce que je peux éviter et contourner l'obstacle?
- Est-ce que je décide de supporter ce moment inconfortable en continuant à m'apporter tout l'amour dont j'ai besoin, ou est-ce que je décide de passer à l'action afin de me rendre la situation plus tolérable ?

Prenez le temps de noter ce pacte au travers d'une lettre dans laquelle vous vous engagez pleinement à être la défenseuse de votre vie et de votre bien-être.

En cas de joie, d'euphorie, d'hyperactivité ⇒ élément Feu relié à l'organe Cœur

L'antidote? Accepter et accueillir ses émotions.

Dans notre société, nous apprenons à refouler nos émotions, à les considérer comme des ennemis ou des éléments désagréables qui entravent notre quotidien. C'est justement en les

réprimant et les combattant quotidiennement que nous leur donnons la possibilité de nous blesser et d'aggraver certaines situations.

Comment faire?

Il est important de prendre le temps d'identifier nos émotions, de les accepter comme des mouvements d'énergie, ni bons ni mauvais. Deux réactions sont possibles face à une émotion : soit la conserver, c'est-à-dire la refouler, et l'imprimer en nous de manière indélébile, soit s'autoriser à la vivre pleinement comme une énergie qui nous traverse à court terme et la laisser passer. Afin d'acquérir une sérénité d'esprit, prenez le temps d'observer vos pensées et ressentis en utilisant par exemple la méditation.

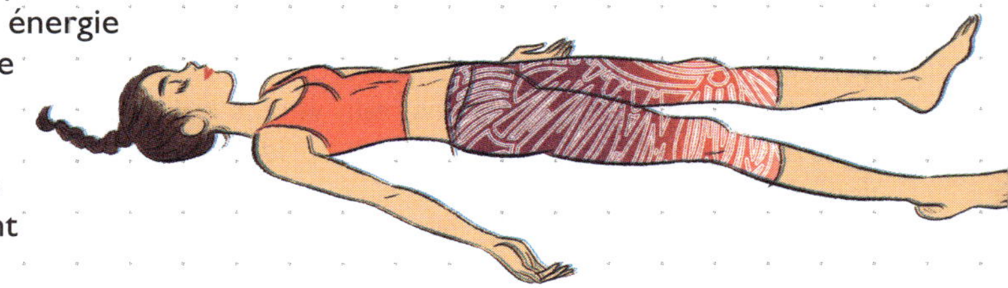

Ma méditation pour accueillir et laisser passer mes émotions

Installez-vous confortablement, effectuez quelques respirations et ressentez toutes les parties de votre corps à l'aide du body scan (voir p. 16). Des pensées vont naître, laissez-les simplement émerger dans votre esprit. Prenez le temps de les observer sans y prendre part et revenez constamment à votre souffle, pour ne pas vous perdre dans le flux des pensées qui vous traversent. Si vous parvenez à laisser filer vos pensées comme des bulles de savon sans vous laisser entraîner dans leur jeu, vous atteindrez le stade de la sérénité. Le silence entre les pensées, c'est-à-dire le moment sans pensée grandira alors de plus en plus dans votre méditation. Faites chaque jour ce type de méditation durant 10 à 20 minutes.

En cas de soucis, ruminations mentales, apitoiement ➾ élément Terre relié à l'organe Rate

L'antidote? Cultiver l'instant présent.

L'élément Terre s'exprime dans les intersaisons (entre la fin de l'hiver et le printemps, entre la fin de l'été et l'automne), c'est l'élément de la réflexion par excellence qui nous pousse au recentrage et à la recherche de stabilité. Prenez le temps d'observer les actions que vous menez quotidiennement.

Comment faire?

«Où que vous soyez, soyez-y totalement», nous dit l'écrivain Eckhart Tolle. Autrement dit, connectez-vous à vos sens et ressentez l'instant présent dans tout votre être. Que vous soyez en train de faire la vaisselle, une balade en forêt ou dans les transports en commun, laissez vos 5 sens vous guider : regardez, écoutez, sentez, goûtez, touchez. Dans une pratique quotidienne de cet instant présent, vous parviendrez à vous recentrer et faire la paix avec votre «moi» intérieur.

En cas de tristesse, d'anxiété, d'incapacité à lâcher prise ⇨ élément Métal relié à l'organe Poumons

L'antidote ? Libérer ses émotions, et pratiquer la respiration thoracique.
Notre souffle ne peut pas circuler correctement si nous ne parvenons pas à libérer la tristesse et l'anxiété qui nous parasitent au quotidien. Autrement dit, si nous recherchons constamment à maîtriser ce qui ne l'est pas, nous accumulons inlassablement des tensions. La respiration thoracique, par exemple, dénoue les tensions, permettant aux émotions de circuler et de partir.

Comment faire ?
Utilisez une couverture (ou un rouleau de fitness) avec une bonne longueur pour recouvrir votre dos. Enroulez-la et placez-la de façon perpendiculaire à votre colonne vertébrale (sous les omoplates). L'objectif est de soutenir vos omoplates en position allongée, afin de libérer les tensions accumulées dans les épaules et la cage thoracique. Placez-vous sur la couverture et pliez vos jambes en maintenant vos pieds ancrés au sol. Posez vos mains croisées sous la nuque, à la base de votre crâne, et enroulez votre dos en avant, puis revenez doucement en arrière, vertèbre par vertèbre, en glissant de bas en haut. Ouvrez vos bras latéralement en positionnant les paumes de vos mains vers le ciel, puis allongez vos jambes. Observez une respiration lente en vous concentrant sur chacune de vos expirations. Sentez le poids de votre corps qui se relâche sur chacune de vos expirations. Cet exercice de mobilisation thoracique est idéal pour libérer votre dos, les tensions accumulées dans vos épaules et votre abdomen.

En cas de peur, de manque de confiance en soi ⇨ élément Eau relié à l'organe Reins

L'antidote ? Nourrir le positif.
Les reins représentent la solidité, l'ancrage, la force, la détermination. En médecine chinoise, une faiblesse énergétique au niveau des reins entraîne la naissance de la peur qui inhibe complètement notre courage. Toutes ces peurs qui se développent dans notre mental finissent par nous entourer d'une énergie et d'une charge mentale négatives. On entre dans un cercle vicieux où la peur est alimentée et nourrie en permanence, ce qui peut scléroser toute tentative d'action pour en sortir.

Comment faire ?

Supprimez dans votre discours l'emploi de termes négatifs et dévalorisants, y compris dans les questions posées à autrui. Remplacez les négations par des affirmations, et surtout les mots dévalorisants par des mots positifs (voir p. 34 et 57).

Ma détox émotionnelle générale : je régule le Qi et mes émotions avec l'automassage « Do In »

Les automassages utilisés en médecine chinoise visent plus loin que la détente, leur objectif est de travailler le retour à l'équilibre de nos organes sensoriels. Bref, ils rééquilibrent les organes et, par-là, nos émotions. Parfait pour une détox émotionnelle générale ! Il s'agit de ressourcer votre corps et de relancer votre énergie grâce au massage de points stratégiques.

Objectifs

L'automassage Do In permet de stimuler le *Qi*. Il existe 12 circuits appelés « méridiens » dans lequel l'énergie, le *Qi*, circule jusqu'aux organes : foie, cœur, reins, rate, poumons et estomac. Lorsque qu'un méridien est bloqué, l'énergie ne circule plus correctement et on observe ainsi un excès ou un vide de *Qi* dans les organes précités (voir tableau p. 47). L'automassage Do In permet donc de réguler l'énergie à l'intérieur du corps, de libérer d'éventuels blocages et accumulations et d'éliminer les toxines. Ce protocole de massage relance l'énergie et opère une détox émotionnelle générale.

Quand ?

L'automassage Do In se pratique de préférence le matin, mais il peut également servir tout au long de la journée pour vous aider à dénouer vos tensions musculaires.

Comment fait-on ?

Vous pouvez le pratiquer assise ou bien debout, l'objectif est d'être dans une posture agréable pour vous. Installez-vous donc confortablement et commencez par échauffer vos mains et vos poignets.

Effectuez de légères pressions à l'aide de vos doigts, de vos mains ou de vos poings en suivant le circuit de stimulation des points et zones corporelles :

1 Tapotez votre crâne du bout des doigts

2 Effectuez de légères frictions au niveau de votre nuque pour détendre la zone et dénouer les tensions. Insistez bien sur la zone des trapèzes (au niveau des épaules) en malaxant et pétrissant la zone.

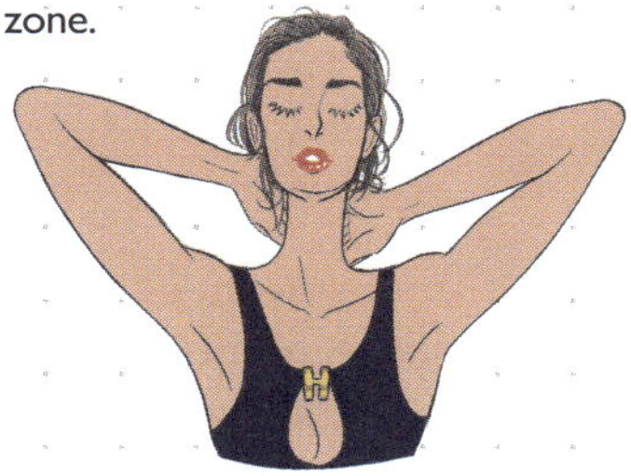

3 Tapotez au niveau de votre plexus (en dessous du creux du sternum), et de votre thymus (au-dessus du cœur) afin de booster votre énergie vitale.

4 Fermez vos points et tapotez respectivement le long de chaque bras.

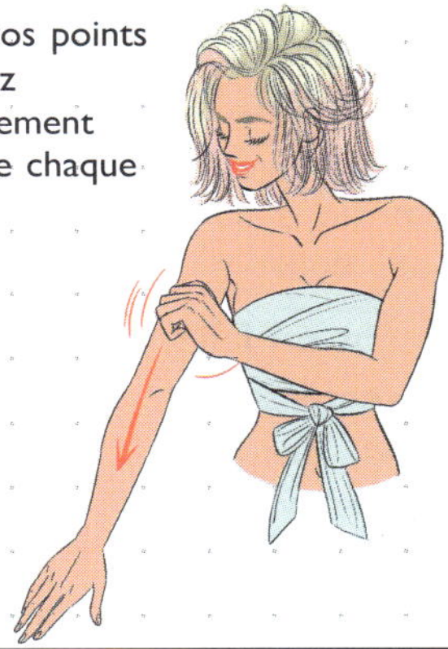

5 Tapotez avec douceur les zones au niveau des reins, afin de booster votre énergie et votre vitalité.

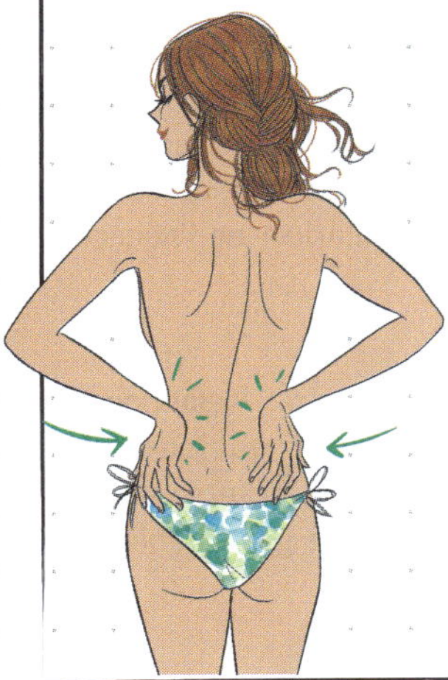

6 Posez vos mains sur votre ventre et effectuez quelques respirations ventrales.

7 Fermez vos poings et tapotez respectivement chaque jambe.

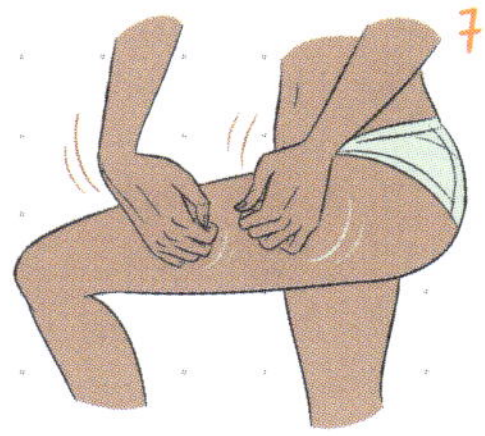

8 Terminez par vos pieds en pinçant et étirant chacun de vos orteils, cela permettra d'éliminer l'énergie excédentaire.

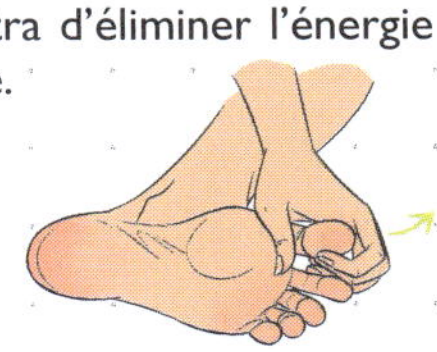

Si un point est douloureux ou sensible, c'est que l'énergie y stagne, vous pouvez donc la libérer en massant le point concerné dans le sens inverse des aiguilles d'une montre, à l'aide de votre pouce, en effectuant une légère pression.

Bye bye les toxines émotionnelles !

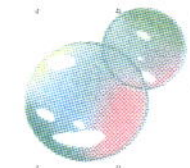

Je me déleste de mes émotions désagréables

Je libère mon esprit de sa charge mentale

Identifier les toxines émotionnelles qui nous encombrent c'est bien, les libérer définitivement c'est mieux ! Voici 3 exercices simples, rapides et efficaces, à mettre en place dans votre quotidien pour nettoyer définitivement votre esprit des schémas de pensées qui l'encombrent.

1. La technique de la bulle de savon

L'objectif ? Avec cet exercice, vous allez apprendre à visualiser vos émotions. Une fois identifiées, il vous faudra les enfermer dans des bulles de savon et les laisser s'envoler définitivement.

Comment on fait ?

- Concentrez-vous sur votre respiration.
- À l'aide des éléments abordés dans les chapitres précédents, identifiez vos émotions primaires et/ou secondaires et sociales (voir p. 12).
- Visualisez que vous enfermez chacune de ces émotions dans des bulles de savon.
- L'objectif est d'observer les émotions s'envoler à chacune de vos expirations et libérer votre esprit.

Vous pouvez renforcer cette visualisation en ajoutant une formulation d'ancrage, par exemple : « Aujourd'hui, ici et maintenant, je me déleste de ces émotions négatives. »

2. La technique de la météo intérieure

L'objectif ? Dans cet exercice, vous effectuez une introspection et observez le temps qu'il fait à l'intérieur de vous. L'objectif de cet exercice est de vous accompagner dans l'identification et l'acceptation de vos émotions.

Comment on fait ?

- Installez-vous confortablement et fermez les yeux. Relâchez les tensions présentes dans votre corps en prenant quelques inspirations profondes. Que ressentez-vous ? Quel temps fait-il à l'intérieur de vous ? Votre ciel est-il bleu avec un grand soleil ou au contraire gris avec beaucoup de pluie ?

- Observez les pensées qui en découlent.
- Posez des mots sur votre ressenti sans avoir peur de vous exprimer. Vous pouvez utiliser pour cela les phrases : «je me sens…», «je ressens….», puis formulez vos besoins et attentes si vous les avez identifiés. Gardez à l'esprit, tout comme l'image du temps qu'il fait, que rien ne dure et que tout est éphémère.
- Pour terminer cet exercice, visualisez le vent chassant toutes les émotions.

3. La technique de la fumée noire

L'objectif? Cet exercice vous propose d'utiliser votre souffle pour évacuer toutes les toxines accumulées. Pour cela, il est important d'utiliser la technique du body scan (voir p. 16) pour identifier les zones dans votre corps qui sont actuellement touchées par ces émotions.

Comment on fait?

- Visualisez toutes les parties de votre corps impactées par des émotions désagréables (tensions, contractions, douleurs).
- Imaginez que vous inspirez une lumière blanche et lumineuse pour vous permettre de purifier votre organisme.
- Faites redescendre l'air de votre tête jusqu'à vos pieds en visualisant que celle-ci attrape toutes les émotions désagréables représentées par des boules noires.
- À l'expiration, ouvrez grand votre bouche pour libérer toutes ces boules noires. Vous pouvez, pour vous aider, les visualiser sous la forme d'une fumée noire qui s'échappe de votre bouche et vous libère de toutes les lourdeurs et tensions ressenties.

Il est possible d'utiliser cet exercice sur plusieurs cycles de respirations, jusqu'à ce que vous commenciez à en ressentir tous les bénéfices.

J'entretiens mon équilibre émotionnel

La détox n'est pas seulement constituée de drainage, elle contient des étapes de revitalisation et d'action antioxydante. Dans une détox émotionnelle on draine et libère les toxines émotionnelles et on veille à la sécrétion et régulation d'hormones positives pour un maximum de bien être quotidien. C'est tout un mode de vie, à base de respirations détox quotidiennes mais aussi de pensée positive, d'habitudes positives et de petits rituels de bien-être!

À la recherche de mon équilibre mental

Les 3 techniques de relaxation proposées ci-après vous permettront de maintenir votre équilibre émotionnel post-détox. Chacune correspond à une situation : si vous avez identifié votre émotion ou non, si vous avez besoin d'une solution express…

La technique 3-6-5, si je n'arrive pas à identifier mes émotions

Lorsque notre corps est épuisé émotionnellement, on a tendance à se couper de nos ressentis. Lorsque l'on parvient à se poser pour identifier nos émotions, on peine à les ressentir, ce qui laisse un champ d'action aux ruminations mentales qui nous surchargent à nouveau. La technique 3-6-5 en cohérence cardiaque permet la libre circulation de nos ressentis, on retrouve ainsi une connexion stable entre notre cœur et notre cerveau qui nous permet d'accroître notre capacité à gérer nos émotions.

3-6-5, cela signifie…

- 3 fois par jour
- 6 respirations par minute
- 5 minutes durant

Comment on fait ?

Cet exercice se réalise donc 3 fois par jour pendant 5 minutes. Je prends le temps de respirer 6 fois par minute en allant chercher une respiration longue et profonde. L'inspiration se fait par le nez (sur 5 secondes) et les expirations par la bouche (sur 5 secondes), en rejetant le plus d'air possible.
Vous pouvez ainsi pratiquer 15 minutes par jour : 5 minutes le matin, 5 minutes pendant votre pause déjeuner et 5 minutes le soir avant de vous coucher. Sachez que seulement 5 minutes de cohérence cardiaque permettent de générer 4 à 10 heures d'environnement émotionnel stable !

La technique imagée, en cas d'émotion identifiée

Fixez mentalement l'émotion identifiée, puis relâchez vos pensées en axant votre esprit sur votre respiration dans la région du cœur.
Pendant votre respiration, visualisez un sentiment déjà vécu qui vous apaise. Puis pensez de nouveau à l'émotion identifiée, en restant la plus calme possible. Pensez à la meilleure réaction à adopter dans ce cas pour minimiser cette émotion en faisant confiance à votre instinct. Que pourriez-vous faire de positif dans cette situation ? Laissez-vous pleinement envahir par les émotions qui accompagnent ces solutions.

Ma relaxation express en 10 minutes, en situation SOS

Parfois, nous avons beau savoir ce qui nous ronge et nous intoxique, nous manquons de courage et avons le sentiment de ne pas avoir assez de temps. On pense à tort que faire le tri et le vide en soi nécessite un plan d'action hyper chronophage et demande beaucoup d'investissement. Or 5 à 10 minutes par jour suffisent parfois à nous soulager à un instant T qui nous paraît insurmontable !

Connaissez-vous la respiration carrée (ou *samavritti*, en sanskrit) ? Il s'agit d'une technique de respiration yogique issue du Pranayama (méthodes de respiration signifiant « la maîtrise du souffle »). Cette technique indienne repose sur une durée d'inspiration égale à l'expiration et des phases d'apnée poumons pleins et poumons vides. L'effet immédiat ? Une détente discrète n'importe où et à n'importe quel moment de la journée qui aide à retrouver rapidement calme et équilibre.

Comment on fait ?

- Installez-vous confortablement en position assise.
- Débutez les inspirations par le nez en ressentant chaque partie de votre corps, spécialement votre ventre. À l'aide de vos mains apposées sur votre ventre, ressentez votre abdomen se gonfler à l'inspiration et se dégonfler à l'expiration.
- Une fois que vous vous sentez à l'aise, vous pouvez débuter la respiration carrée qui se déroule en **4 phases de durée égale (de 4 à 6 secondes, par exemple)**, à savoir :
  - inspirez à pleins poumons ;
  - retenez votre souffle, poumons pleins ;
  - expirez ;
  - suspendez votre souffle, poumons vides.

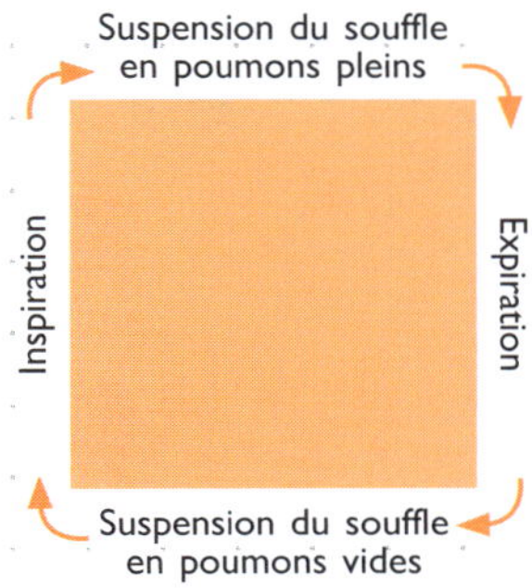

Je remplace les mots blessants et destructeurs par des mots valorisants

Nous n'imaginons pas à quel point le pouvoir des mots est important ! Ils représentent pourtant la base, le socle de nos échanges, mais aussi de nos pensées et des jugements que nous pouvons avoir sur nous. Bien plus qu'un simple outil pour décoder, c'est un moyen de nous faire agir et réagir.

Êtes-vous capable aujourd'hui de repérer ces moments de dévalorisation, que ce soit pour vous ou autrui ? Et si vous preniez le temps de modifier ce comportement en remplaçant ces termes dévalorisants par d'autres plus valorisants ?

> *« Les mots sont comme des flèches. Une fois qu'on les a lâchés, c'est en vain qu'on chercherait à les rattraper. »*
> George R.R. Martin

J'identifie les termes blessants et destructeurs : nul, minable, médiocre, quelconque, épouvantable, commun, catastrophique, bas, apocalyptique, horrible, infernal…

Je fais le plein de termes valorisants : superbe, prodigieux, délicieux, phénoménal, exceptionnel, efficace, drôle, captivant, chouette, agréable, magnifique, somptueux, splendide…

Prenez le temps de vous observer dans votre quotidien lorsque vous prenez la parole et de modifier les termes que vous employez alors.

Je favorise l'équilibre de mes hormones

Entretenir son équilibre émotionnel, c'est réussir à maintenir le cap au niveau de son mental, mais aussi savoir équilibrer ses hormones. Elles sont les principales messagères de nos émotions et nous permettent continuellement de réguler notre état physiologique. Il est donc primordial de favoriser des actions quotidiennes pour les réguler et leur permettre de rester en total équilibre.

On bouge !

Pourquoi est-il si important de fuir la sédentarité et de pratiquer une activité physique quotidienne ?

- Bouger stimule les organes filtres, responsables de l'évacuation des toxines (la peau, les reins, les intestins, les poumons et le foie).
- Le mouvement augmente nos dépenses énergétiques pour brûler les excédents de graisses et de sucres.
- Cela favorise de bons échanges cellulaires.
- L'activité physique améliore notre mental en évacuant notre stress et/ou nos émotions désagréables.

Pour résumer, faire du sport participe à la détox émotionnelle et au maintien de l'équilibre émotionnel au quotidien.

À chaque hormone, sa solution bien-être !

Chaque séance sportive permet de générer un sentiment de bien-être qui provient de la production de certaines hormones, notamment :

- **L'endorphine, hormone antidouleur,** se libère dès les premières minutes d'un effort. C'est cette hormone qui vous permet de vous surpasser et d'atteindre vos objectifs.
  Comment on la stimule ? Pratiquez une activité cardio comme la course à pied, le cross-fit, le HIIT (*High Intensity Interval Training*), le body attack…
- **La dopamine, hormone du bien-être**, va réduire la sensation de fatigue pour nous permettre d'atteindre facilement nos objectifs. Comment on la stimule ? Pratiquez le sport qui vous convient le mieux, de manière régulière, au minimum 2 fois par semaine, par exemple :
  - 30 minutes minimum de course à pied
  - 30 minutes minimum de natation
  - 45 minutes minimum de fitness
  - Une séance de musculation de 30 à 45 minutes
  - 45 minutes minimum de marche rapide.

- **L'adrénaline, une hormone moteur,** vous donne la puissance pour réagir à une phase de stress que traverse votre corps. C'est elle, par exemple, qui va permettre de dilater vos bronches pour une meilleure oxygénation de vos muscles et de votre cerveau.
  Comment on la stimule ? Pratiquez un sport collectif comme le rugby, le foot, le volley par exemple ou profitez-en pour découvrir une nouvelle activité sportive.
- **La noradrénaline, l'hormone du déstockage**, va vous permettre de déstocker les mauvaises graisses et toxines accumulées dans vos cellules.
  Comment on la stimule ? Pratiquez une activité comme le crossfit ou des séances de type HIIT, courtes (20 minutes) mais intenses.

Des bains de soleil à gogo !

C'est bien connu, lorsque l'automne pointe le bout de son nez, la dépression saisonnière suit ! On se sent plus triste et la vitalité que l'on a pu stocker durant l'été s'échappe doucement. Ce manque de luminosité peut devenir problématique, car cela stimule, en fin de journée, la mélatonine, l'hormone du « sommeil ».
Sans un bon dosage de mélatonine, nous ne pouvons pas nous endormir ni avoir un sommeil réparateur. On entre dans un cercle vicieux d'insomnie où nos cellules sont dans l'incapacité de se régénérer correctement.

Attention aux contre-indications : personnes sous traitement photosensibilisant ou augmentant la sensibilité des yeux à la lumière, problèmes oculaires ou de maladies affectant la rétine. Demandez l'avis de votre médecin traitant.

Comment on fait ?

Comment stimuler la mélatonine pour conserver un sommeil de qualité ?

- Au printemps et en été, on profite des rayons du soleil (en évitant l'exposition à risque entre 12 h et 16 h) ! Cela permet de stocker la vitamine D. Indispensable pour métaboliser le calcium dans l'organisme, elle contribue à la santé des os et des dents et jouerait un rôle dans la prévention de la dépression saisonnière.
- À l'automne et en hiver, on utilise la luminothérapie ! Il s'agit d'une lampe qui permet de reproduire

la lumière naturelle du soleil. L'intensité de votre lampe doit être comprise entre 2 500 et 10 000 lux pour être pleinement efficace. Pour que cela fonctionne, il est impératif d'adopter son utilisation de manière quotidienne dans votre routine, environ 20 à 30 minutes par jour, de préférence le matin. En plus de réguler la sécrétion de mélatonine, elle vous sera d'un grand secours dans les cas de dépression saisonnière et manque de vitalité.

Mon rituel « LOL » au quotidien

Le simple fait de rire augmente la libération d'hormones protectrices de notre corps (les béta-endorphines) et réduit celle d'hormones du stress (le cortisol et l'adrénaline) selon des recherches récentes présentées au congrès annuel de *l'American Physiological Society*. Rire nous permet de ressentir un véritable sentiment de bonheur, parfait pour un bon équilibre émotionnel au quotidien !

Les bienfaits du rire

- Relaxe tous nos muscles en commençant par ceux de la mâchoire.
- Produit une séquence respiratoire proche de celle du yoga, au moyen d'inspirations brèves et d'expirations lentes.
- Régule nos humeurs en favorisant la sécrétion d'endorphine qui vont stimuler notre état de bien-être et diminuer notre anxiété.

En pratique : 8 idées pour rire au quotidien

- Organiser des moments privilégiés avec les gens qu'on aime et qui nous font rire.
- Voir les choses positivement et rire de chaque circonstance autant qu'on le peut.
- Se programmer un film qui nous fait du bien et nous donne le « smile ».
- S'offrir une place pour aller voir le spectacle de son comique préféré.
- Assister à un cours de yoga du rire.
- Créer un ancrage pendant sa méditation, en visualisant un moment de rire afin de pouvoir s'y reconnecter facilement en cas de stress ou de profonde tristesse.
- Chanter à tue-tête sous la douche de bon matin avec une voie très aiguë telle une chanteuse d'opéra ou au contraire avec une voix de rockeur, et en rire.
- Danser sur une musique qui nous met de bonne humeur !

Je prends soin de mon écologie intérieure et extérieure

L'une des étapes majeures suite à une détox émotionnelle est de maintenir une bonne écologie intérieure et extérieure. Prenez ainsi le temps de cultiver des ressources qui vont vous permettre quotidiennement de vous vitaliser et de faire le tri dans vos émotions.

Petite immersion en forêt

Le *shinrin-yoku* ou « bain de forêt » est une pratique de santé antistress, très populaire au Japon, qui consiste à se reconnecter à la nature au travers de nos 5 sens en pratiquant des promenades en forêt. Ces immersions en forêt permettent entre autres de baisser notre taux de cortisol, l'hormone du stress, ainsi que notre tension artérielle, de booster nos défenses immunitaires et d'améliorer notre sphère cognitive.

Let's go into the wild!
Voici quelques règles d'or à respecter pour une immersion optimum!

- Mettez votre téléphone sur silencieux, activez le mode « digital détox »!
- Aucune source de distractions possible : pas d'appareil photo; si vous êtes en groupe, choisissez de garder le silence.
- Choisissez un lieu où vous vous sentez bien. Une forêt, un parc ou un jardin, de préférence loin de la ville et du bruit environnant.
- Marchez lentement, prenez le temps de vous connecter à vos 5 sens. Observez ce qui vous entoure, écoutez le chant des oiseaux, le bruit des feuilles qui jouent sous l'action du vent, les couleurs qui vous entourent…
- Pour une bonne efficacité, privilégiez une promenade de 60 minutes minimum à raison d'une fois par semaine.

Je développe mon attention dans l'instant présent

Un moyen précieux de cultiver la pleine conscience et votre agilité émotionnelle de manière quotidienne est de travailler votre attention au moment présent, en observant vos mouvements et ressentis intérieurs.

« La pleine conscience vous permet de remarquer vos sentiments et vos pensées désagréables plutôt que de vous y retrouver empêtré. Quand vous êtes pleinement conscient de votre colère, vous pouvez l'observer avec une sensibilité accrue, avec plus de concentration et de clarté émotionnelle, ce qui vous permettra peut-être de découvrir l'origine de ce sentiment. Peut-être découvrirez-vous que votre "colère" est en fait de la tristesse ou de la peur. » Susan David

En pratique

- Commencez par travailler votre respiration en effectuant de brèves inspirations et de plus longues expirations.
- Choisissez un objet dans votre environnement (un carnet, une tasse de thé…).
- Au travers de vos 5 sens, prenez le temps de décortiquer chaque aspect de l'objet. Exemple : choisissez votre tasse préférée remplie d'un thé bien chaud!
  - Vue : observez les couleurs et les reflets du thé et de la tasse.
  - Odorat : déterminez les différentes plantes et notes aromatiques qui composent le thé.
  - Toucher : sentez la chaleur du thé à travers la tasse entre vos mains, le poids et le volume de cet objet.

- Ouïe : écoutez le crépitement de la chaleur au contact du sachet de thé quand vous le plongez dans votre tasse.
- Goût : validez au moyen de vos papilles ce que vous aurez noté au niveau de votre odorat et vice-versa.

Plus vous pratiquerez quotidiennement ce genre d'exercice, plus vous arriverez à temporiser vos réactions émotionnelles en vous connectant à l'essentiel.

> Autre astuce : il est possible de choisir une activité de votre quotidien comme le brossage des dents, la douche du matin… Concentrez-vous là aussi sur chaque étape de la réalisation de cette activité au travers de vos 5 sens.

J'adopte une alimentation saine

Eh oui, quand ça ne va pas et que nos émotions prennent le dessus on a la fâcheuse tendance à céder aux sucreries en tout genre ! C'est ce qu'on appelle communément l'alimentation « doudou » ou « réconfort » qui nous pousse la plupart du temps sur la piste de réactions compulsives. Impossible de laisser de côté sa tablette de chocolat ou son bout de comté avant de l'avoir terminé… on pourrait en devenir féroce ! Alors, comment éviter de sombrer dans les compulsions d'aliments sucrés ou salés ?

Reconnectez-vous à vos ressentis

- **Posez-vous les bonnes questions !** « Pourquoi ai-je envie de manger à ce moment précis ? Est-ce vraiment de la faim ? De l'ennui ? De la gourmandise ? Un besoin de réconfort ? »
  Quels sont les signes de la faim ? Des gargouillis, une sensation de ventre vide, une légère fatigue et une faiblesse physique. Si vous ressentez ces différents symptômes, n'attendez pas plus de 20 minutes et passez à table ou prenez un en-cas.
- **Misez sur un petit déjeuner salé avec des protéines** (animales et/ou végétales) pour avoir un max d'énergie et éviter ainsi les fringales. Si le salé ne vous inspire pas, vous pouvez toutefois miser sur des aliments rassasiants et peu sucrés comme, par exemple, une tranche de pain intégral bio au levain naturel nappée d'une purée d'amandes, de noisettes ou de cajou.

- **Faites le ménage dans vos placards** afin d'éliminer toute tentation et surtout évitez les exceptions pour les invités, on connaît la réplique par cœur…
- **Prenez le temps de mâcher** (les repas doivent durer au minimum 20 minutes pour que notre cerveau reçoive le message de satiété de la part de nos cellules).
- **Instaurez un en-cas en milieu d'après-midi** afin d'éviter les craquages du soir. Eh oui, ce n'est pas que pour les enfants ! Vous pouvez prendre quelques oléagineux (attention à ne pas dépasser la dose de 20 g par jour pour éviter de saturer votre foie) avec un fruit et un carré de chocolat noir à 80 %.

Mes solutions naturelles pour diminuer mes envies de sucre

1 ampoule de chrome va permettre au foie de brûler les stocks et de maitriser vos compulsions de sucre.

Vous pouvez la prendre entre 16 et 17 h, car c'est à la période pendant laquelle le foie fabrique du sucre.

Des gélules de griffonia, une plante adaptogène qui aide à réguler la production de sérotonine. Un déficit en sérotonine peut également être à l'origine de compulsion de sucré. Vous pouvez donc réguler sa sécrétion en prenant du griffonia sous forme de gélules, environ 250 mg, aux mêmes heures. Cela intervient également si vos compulsions sont plutôt salées.

Chapitre 4

Mon programme pour me sentir zen et épanouie

Le stress est un élément qui fait partie du monde dans lequel nous vivons. Il peut être un élément moteur capable de nous faire avancer et évoluer sur notre chemin. Cependant, ses répercussions négatives sont souvent les plus visibles et spectaculaires. Le nombre de burn-out ne cesse d'augmenter que ce soit au travail ou sur le plan personnel. On a un sentiment profond de perte de repères. Insomnies, compulsions alimentaires, crises émotionnelles, fatigue intense, maux physiques… autant de signaux envoyés par notre corps pour nous indiquer que plus rien ne va. Comment évaluer son niveau de stress? Pourquoi le stress représente-t-il une menace pour notre équilibre émotionnel? Comment pallier cette pression permanente qui pèse sur nos épaules? Découvrez dans ce programme comment accueillir les phases de stress et les transformer en quelque chose de positif!

Au fait, c'est quoi le stress?

Le stress est une réponse biologique naturelle d'adaptation de l'organisme face à un danger, que celui-ci existe ou non. Il permet de mobiliser toutes les ressources nécessaires pour réagir et se définit par deux réponses possibles : la fuite ou le combat. Il intervient de manière ponctuelle même si l'on observe dans certains cas une chronicité qui peut confirmer un état de tension permanente.

Une adaptation plus difficile sur la durée

Chaque personne réagit différemment avec une résistance plus ou moins importante au stress selon son terrain. Le stress, s'il est vécu sur la durée, va entraîner des réponses biologiques plus ou moins violentes. Par exemple, l'un des désagréments majeurs du stress est l'acidité systémique (ou acidose). Notre corps est à la recherche constante de l'équilibre acido-basique et, lorsque celui-ci est rompu, on observe des symptômes tels que des maux de tête, de la fatigue chronique, des insomnies, des troubles musculaires et digestifs, de l'irritabilité accrue, etc. Il est donc primordial d'identifier toute forme de stress qui deviendrait chronique, afin d'éviter sur le long terme ce genre de dérèglement.

Le stress, utile ou pas?

On a généralement tendance à diaboliser le stress et en faire quelque chose de foncièrement négatif… Et s'il y avait une autre voie? S'il nous était possible de le transformer en énergie positive?

À quoi sert le stress?

Il réveille en nous nos capacités d'aller de l'avant *via* les hormones comme l'adrénaline et le cortisol. Dans certaines situations, comme prendre la parole en public ou lors d'un entretien d'embauche, vous pouvez décider de le transformer en élément moteur. Quelque chose qui va vous permettre de vous surpasser et de donner le meilleur de vous-même. Par exemple, certaines personnes sont bien plus productives lorsqu'elles doivent respecter des délais en gérant naturellement le stress qui va avec. On pourrait se noyer dans une surcharge de travail mais non, on se retrousse les manches et on fonce… Pas question de se laisser abattre! Dans ce cas précis, le stress n'est pas vécu comme quelque chose qui nous pousse dans nos retranchements mais comme un élément de productivité et de dépassement de soi. Ne serait-ce pas là le principe même de la résilience? Avoir la capacité de résister, s'adapter et triompher face aux agressions extérieures?

Danger ou motivation?

Nous évoluons dans une société moderne agitée qui nous positionne inlassablement dans des situations frustrantes (manque de temps, hyper sollicitation…). Et nous avons la fâcheuse tendance à exagérer les choses en rendant le danger bien plus important qu'il ne l'est dans la réalité. Par exemple, on est persuadée que si l'on ne respecte pas un délai, on sera sanctionné par notre hiérarchie, ou lorsqu'on prend un temps pour soi en étant entrepreneur indépendant, que notre société risque de s'effondrer, etc. Tous nos modes de perceptions sont biaisés par l'omniprésence d'un état de stress et il nous est particulièrement difficile d'observer quelque chose de positif là-dedans… et pourtant!

C'est en décidant pleinement d'arrêter de subir sa vie que l'on se donne la possibilité d'agir et de la rendre magique. En pratique, il convient donc de casser les codes, de voir chaque situation vécue comme un défi à relever. Le stress (modéré) peut devenir une réelle source de motivation et de bien-être, un moyen de s'adapter à de nouvelles situations.

S'affranchir du regard des autres

Les avis des autres personnes peuvent être souvent destructeurs dans le sens où ils nous poussent en permanence à nous remettre en question. En effet, imaginer ce que les autres pensent de nous, parfois à tort, peut devenir une véritable source de peur et de stress au quotidien. Le problème ne vient pas du fait que certaines personnes s'autorisent à juger qui vous êtes et ce que vous faites. Le problème provient de ce que vous en faites et de la place que vous leur octroyez dans votre « territoire sacré ». Il ne tient qu'à vous de poser vos limites, ce que vous êtes apte à accepter ou non. Il s'agit bien là de votre vie. « L'avis » des autres n'est que « la vie » des autres !

Concrètement, qu'est-ce que je peux mettre en place ?

- Cessez de vouloir plaire à tout le monde et d'accorder du crédit à ce qui ne vous correspond pas, au risque de devenir quelqu'un d'autre.
- Acceptez votre part de lumière, mais également votre part d'ombre. Personne n'est parfait, nous restons des êtres humains capables de bonnes choses comme de moins bonnes. Prenez du recul et tirez des enseignements de chacun de vos actes pour avancer sur votre chemin personnel. Si vous vous acceptez telle que vous êtes, alors vous donnez la possibilité aux autres de faire de même.
- Faites preuve d'humilité ! Ce que vous reprochez aux autres, demandez-vous si vous le faites aussi… Qu'en est-il de votre propre regard sur les autres ? Est-ce que vous avez vous-même émis certains jugements envers les autres ? Que se passerait-il si vous preniez le temps de cultiver plus d'indulgence et de compréhension envers eux ?

Cultiver une pensée sélective positive

Et si vous sortiez des pensées sélectives négatives qui vous poussent à voir les choses sous un prisme unique ? Lorsque l'on broie du noir, on a tendance à stresser car nous ne trouvons aucune solution. Ce n'est pas parce qu'un grain de sable vient se coincer dans le rouage de vos activités que tout est fichu ! Prendre davantage de recul sur ce genre d'événement vous permettra de conserver une attitude positive en toute circonstance.

Rester objectif

On emploie souvent des termes comme : « C'est **toujours** la même chose » ; « Personne ne m'aime », « Cela n'arrivera **jamais** », si bien qu'on finit par se convaincre de certaines situations frustrantes comme par exemple une promotion jamais obtenue, associée à un sentiment

de manque de reconnaissance de la part de son manager. Ressasser les pensées négatives peut enfermer dans une situation sans issue et nous pousser vers un état de stress chronique.
La solution pour sortir de ce genre de comportement est de s'ancrer dans l'instant présent en faisant face à la réalité. Restez factuelle en énumérant les faits et en prenant le temps de décrire la situation avec le maximum de détails. Cela permettra d'éviter des généralisations castratrices et frustrantes.
Il est grand temps de sortir de scène et d'ôter votre chapeau de «drama queen»!

Comment le stress peut affecter mon corps et mes émotions?

On observe généralement 3 phases dans les symptômes physiques et psychiques liés au stress : l'alarme, la résistance et l'épuisement.

- **La phase 1, l'alarme,** représente les premières manifestations physiques en cas de stress : comme l'augmentation du rythme cardiaque ou bien une respiration accélérée. Le métabolisme réagit en se préparant à l'action!
- **La phase 2, la résistance,** appelée ainsi parce que le corps résiste au stress. Cette phase intervient lorsque le stress est persistant. Le corps va donc chercher à s'adapter à la situation. Vous pouvez par exemple ressentir des maux de tête, de la fatigue, des tensions musculaires et des troubles digestifs.
- **La phase 3, l'épuisement,** est associée à un stress prolongé et intense. L'organisme n'est plus apte à répondre aux agressions extérieures, les ressources métaboliques sont épuisées. Vous pouvez par exemple ressentir des troubles cardiaques, des colites digestives et des brûlures d'estomac.

Attention, burn-out!

Vous êtes épuisée, votre motivation se fait la malle et vous voyez tout en noir? Le burn-out est défini par la Haute autorité de santé (HAS) comme étant un état «d'épuisement physique, émotionnel et mental qui résulte d'un investissement prolongé dans des situations de travail exigeantes sur le plan émotionnel».
Pas étonnant quand nous sommes incités à faire «toujours plus», repoussant sans cesse nos limites et nos objectifs. C'est cette culture de perfection qui nous pousse vers un effondrement psychologique et physiologique.
Les signes précurseurs sont pourtant bien visibles, mais nous avons tellement la tête dans le guidon que nous refusons de les voir et d'en prendre conscience. Il est en effet tellement plus facile d'adopter la politique de l'autruche!

Dans ces moments précurseurs, on utilise des phrases typiques du genre : «Je n'ai pas le temps, Je ne peux pas, Je suis sous l'eau…» On a alors tendance à voir tout en noir, il paraît impossible de trouver des solutions aux problèmes que l'on rencontre. On se sent agacée en permanence et il nous est très difficile d'admettre notre fragilité. Au cours d'une phase de déni très prononcée, on se persuade que bientôt, tout ira mieux… Vous vous reconnaissez dans ces propos? Alors il est grand temps d'agir et de réaliser le test ci-dessous pour connaître votre niveau de stress et agir en conséquence pour le réguler.

Quel est mon niveau de stress?

Vous ressentez du stress, mais vous n'arrivez pas à déterminer l'impact que celui-ci peut avoir sur votre métabolisme. Prenez le temps de répondre à ces quelques questions, afin de déterminer votre état de stress et mettre en place les outils adéquats pour le réguler.

Vous vous sentez préoccupée et anxieuse?

□ Très souvent ○ Parfois △ Rarement

Vous sentez-vous incapable de résoudre vos problèmes?

□ Très souvent ○ Parfois △ Rarement

Vous arrive-t-il de vous emporter contre les autres?

□ Très souvent ○ Parfois △ Rarement

Avez-vous la sensation de perdre le contrôle?

□ Très souvent ○ Parfois △ Rarement

Avez-vous été perturbée par un ou des événements au cours de ces derniers mois?

□ Très souvent ○ Parfois △ Rarement

Avez-vous subi une surcharge de travail au cours de ces derniers mois?

□ Très souvent
○ Parfois
△ Rarement

Est-il est difficile pour vous de gérer vos émotions ces derniers temps?

□ Très souvent ○ Parfois △ Rarement

Ressentez-vous le besoin de vous isoler et de vous couper du reste du monde ?

□ Très souvent ○ Parfois △ Rarement

FAITES LES COMPTES !

○	□	△

Vous avez une majorité de □ : *Vous êtes dans la phase délicate, vous frôlez l'épuisement*

Très souvent dépassée par les événements, vous avez le sentiment de courir un marathon en permanence. Si bien qu'il vous est impossible de récupérer ! Résultat, vous vous installez dans une forme de stress chronique qui peut devenir un problème pour votre santé. Vous vous sentez parfois complètement submergée et dans l'incapacité de vous sortir de cette situation.

La solution ? Il est temps de stopper ce cercle infernal en prenant une vraie pause ! Prenez le temps de respecter les besoins de votre organisme en apprenant à mieux gérer votre rythme de vie. Faites le tri, déterminez ce qui vous apporte de la vitalité et au contraire ce qui vous dévitalise ! Cela vous permettra de sélectionner des solutions adéquates pour vous sortir définitivement de cet état cyclique et éviter tout burn-out ! Reportez-vous aux exercices qui permettent de vous ancrer dans l'instant présent (voir p. 70), de réguler vos pensées négatives et identifier vos croyances limitantes (p. 72), de vider votre sac (p. 75), sans oublier le rituel « SOS good vibes matinal » pour commencer la journée d'humeur joyeuse (p. 77).

Vous avez une majorité de ○ : *Vous êtes dans la phase de résistance*

La résistance est celle de l'organisme faisant face à une situation stressante qui s'installe. Vous faites preuve de recul face au stress, quoique certaines situations puissent parfois vous dépasser complètement.

La solution ? Il n'existe qu'un pas entre la résistance et l'épuisement, d'où l'importance d'être très à l'écoute de vos besoins essentiels. Analysez chacun des événements qui génèrent du stress, afin d'en tirer un maximum d'enseignements sur vous-même mais aussi sur votre entourage et les événements que vous traversez. Cet apprentissage vous permettra de définir vos priorités et vos objectifs de vie. Reportez-vous aux exercices spécifiques pour apprendre à réguler vos émotions et votre stress comme « Mon yoga anticrise » (p. 80), « Je fais la liste de mes besoins » (p. 30), « Je régule mes émotions passagères grâce à la méthode Do In » (p. 52).

Vous avez une majorité de △ : Vous êtes dans la phase d'alarme

Comme un vrai petit soldat, vous faites face au stress et vous ne vous laissez que très rarement déborder. Pour vous, le stress est une impulsion motrice qui vous permet de toujours trouver une solution ! Vous êtes d'ailleurs perçue comme une optimiste heureuse.
Vous avez cependant tendance à tout anticiper, cela vous confère une certaine forme de contrôle et vous donne parfois cette image de force tranquille.

➾ **La solution ?** Attention à ne pas glisser sur le terrain de la « control freak » ! Tout est une question d'équilibre, il serait d'ailleurs bon pour vous de laisser une place à l'imprévu dans votre vie. Vous pouvez réaliser le programme complet de ce chapitre pour voir la vie autrement, lâcher prise et prendre le temps de penser enfin à… vous et votre bien-être !

Les 10 commandements face au stress

1. Revenez à l'instant présent

Se connecter à l'instant présent est l'une des choses les plus compliquées et encore plus lorsque nous sommes stressés. Bien trop habituée à répondre toujours plus vite aux multiples sollicitations que l'on reçoit chaque jour et qui nous poussent inlassablement dans un stress chronique. Il nous est inconcevable de nous poser pour vibrer et ressentir « la vie » dans toutes ses dimensions. Et pourtant, c'est l'une des conditions essentielles pour ne pas se retrouver définitivement coupé de soi, de ses besoins. Mais comment poursuivre cette quête du bonheur si nous ne prenons pas le temps de vivre ? Ressentir le bon et le moins bon fait partie du processus pour apprécier les jolies choses que la vie nous offre.
Retrouvez cette connexion à vos 5 sens et appréciez le bonheur d'être en vie, tout simplement ! Nourrissez chacune des cellules de votre corps et de votre âme de moments feel good rien que pour vous. Que ce soit sentir l'eau ruisseler sur votre corps sous la douche ou apprécier les 1 001 saveurs de votre gâteau préféré… Cultivez l'instant présent et la gratitude de chaque petite chose qui vous apporte du bonheur, c'est la clé ultime pour contrer le stress négatif.
Prenez aussi le temps au travers d'une méditation et connexion à l'instant présent (voir p. 50) de ressentir la valeur de chaque instant de votre vie !

« Dès que vous honorez le moment présent, les malheurs et les combats disparaissent, et la vie se met à couler dans la joie et la facilité. Lorsque vous agissez sur la prise de conscience du moment présent, tout ce que vous faites s'imprègne d'un sentiment de qualité, d'attention et d'amour, même l'action la plus simple. » Eckhart Tolle, *Le Pouvoir du moment présent*, J'ai lu, 2010

2. Prenez le temps de respirer

C'est vital mais c'est aussi primordial pour temporiser vos émotions et sortir du mode « apnée », induit par le stress, et qui bloque votre diaphragme et vous empêche très souvent d'être détendue. Le pire, c'est que nous n'en avons même pas conscience ! Alors, cultivons ce geste simple à adopter au quotidien, à travers par exemple la respiration carrée (voir p. 57), mais aussi une autre technique simple à mettre en place en toute circonstance : la respiration abdominale.

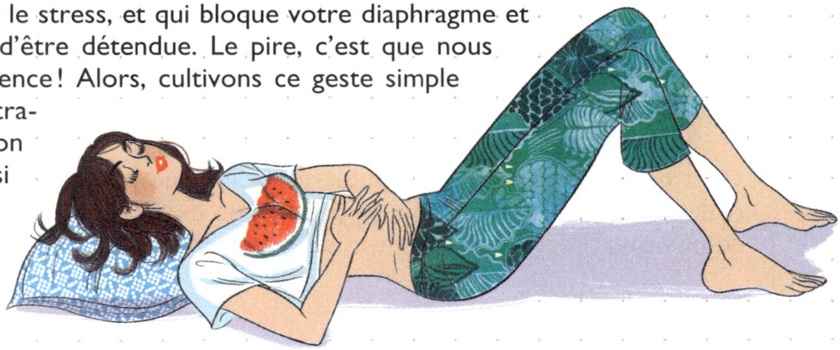

Objectifs ?

Cette respiration est idéale en cas de stress, car elle permet de réduire certains maux associés à une acidité systémique ou acidose (caractérisée par une accumulation d'acides au travers de notre alimentation moderne et de notre mauvaise gestion du stress), par exemple des aphtes, des gencives enflammées, des problèmes de peau comme l'acné ou l'eczéma, des cheveux ternes, une frilosité intense, de la fatigue…

Comment on fait ?

Installez-vous confortablement en position allongée ou assise. Inspirez de l'air par le nez, la bouche fermée, en positionnant vos mains sur le ventre, cela vous permettra de prendre conscience des différents cycles de respiration.
À l'inspiration par le nez, bouche fermée, gonflez votre ventre, prenez une pause en retenant quelques secondes l'air, puis expirez par le nez, bouche fermée, en dégonflant petit à petit votre ventre. L'objectif au fur et à mesure des cycles est d'aller de plus en plus lentement, afin de favoriser une détente complète de l'abdomen.

3. Faites taire vos pensées négatives

Ah, ces ruminations que nous entretenons lorsque nous sommes stressée, qui nous poussent à la crise de nerfs et entretiennent ce petit vélo dans notre tête ! Et si vous mettiez ce vélo au garage ? Si vous décidiez de transformer vos pensées ?

Comment ça marche ?

1. **Écoutez-vous parler !** Parfois dire à voix haute ce que l'on pense tout bas nous permet de prendre conscience que nos pensées sont injustifiées et bien trop rudes.
2. **Adoptez le mode « Je suis imparfaite et c'est ok ! »** Vous faites ce que vous pouvez avec ce que vous avez.

On est bien souvent trop dure avec soi-même et il est temps de faire preuve de bienveillance envers soi.

3. **Faites appel à un(e) ami(e) et bougez.** Quand on se sent empêtrée dans des discours négatifs, rien de tel qu'un moment de qualité partagé avec une personne bienveillante et à l'écoute pour s'entraider et repartir du bon pied !

4. Balayez vos croyances limitantes

C'est quoi une croyance limitante ? C'est lorsque l'on pense que l'on n'est pas capable de réaliser quelque chose et que *de facto* on ne tente rien ! Elles nous font encore plus douter de nos capacités et renforcent le stress de la situation !

Notre quotidien est jonché de croyances limitantes !

Ce genre de croyance provient du fonctionnement de notre ego, mais aussi de notre éducation ou de nos expériences passées.

En voici quelques exemples :

- On ne peut pas tout avoir dans la vie.
- Il faut travailler dur pour réussir.
- C'est trop difficile, je n'y arriverai jamais.
- Je suis nulle.
- Je suis comme je suis, il est trop tard pour changer.
- J'ai juste eu de la chance.
- On ne peut faire confiance à personne.

On rencontre généralement 3 types de réactions liées à des croyances limitantes qui entretiennent un certain état de stress : un certain **désespoir** lié au constat que « peu importe l'action visée, rien ne pourra changer », **l'impuissance** due au fait qu'on ne se sent pas capable de réaliser telle ou telle chose, enfin **l'illégitimité**, due à l'impression qu'on n'a pas assez de valeur et qu'on ne mérite pas (d'être heureuse, d'avoir ce que l'on désire, etc.). Même si toutes les croyances limitantes ne sont pas liées au stress, elles entretiennent le sentiment d'être dépassée par les événements. Les combattre toutes indifféremment joue sur la gestion du stress : moins vous vous sentez dépassée, plus vous vous sentez confiante pour réaliser de grandes choses. C'est un état d'esprit à cultiver !

Comment désamorcer les pensées négatives et s'en libérer définitivement ?

1. **Prenez du recul sur votre discours intérieur en tentant d'identifier vos croyances limitantes.** Vous pouvez pour cela vous aider d'une liste établie au fur et à mesure de votre rencontre avec vos croyances limitantes, en partant par exemple d'un blocage que vous constatez et que vous pouvez formuler ainsi : « C'est trop dur, je n'arriverai jamais à réaliser tel projet ! »

2. **Une fois une croyance identifiée, prenez le temps de la voir autrement.** On va donc chercher à prouver que telle affirmation n'est pas toujours vraie.
Si l'on reprend l'exemple précédent : comment voir les choses autrement alors que tout nous paraît impossible à réaliser? «D'autres y sont parvenus avant moi et certains avec beaucoup moins de moyens, alors, pourquoi pas moi?» Notez des exemples concrets pour appuyer votre démarche et stimuler votre esprit, vous prouver à vous-même que tout est possible.
3. **Ensuite, passez à la reformulation.** Il s'agit ici d'inscrire une suite positive à cette croyance, ancrée dans l'action. Dans le cas précité, vous pouvez éventuellement noter : «avec de la volonté et une bonne stratégie, je parviendrai à réaliser mon projet pas à pas.» Notez aussi les premières étapes de votre stratégie… À vous de jouer!

5. Prenez le temps de relativiser

Lorsque l'on est surmenée et stressée, on a tendance à avoir des comportements excessifs, même parfois agressifs. Tel un gladiateur, on affute son épée et on se prépare parfois à entrer dans l'arène. On peut également se sentir irritée et râler à propos de tout, sans même s'en rendre compte.

Prenez le temps de relativiser! Est-ce que la situation en vaut vraiment la peine? Et si au lieu de voir le verre à moitié vide je le voyais à moitié plein?

En pratique

Notez 3 citations qui vous permettent de relativiser et imprégnez-en votre esprit. Par exemple : «Quand on ne peut revenir en arrière, on doit se préoccuper de la meilleure manière d'aller de l'avant.» Paulo Coelho

6. Quelle est l'issue de ce stress à court, moyen et long termes?

Comment dépasser l'instant présent? Lorsque vous sentez que les choses vous échappent et que ça vous stresse, centrez-vous et restez factuelle! Le fait d'analyser la situation vous sert à mettre à distance une émotion, évitant qu'elle ne s'installe dans la durée (irritation, colère, sentiment d'être dépassée) et devienne dévastatrice pour votre santé mentale et physique.

Posez-vous les bonnes questions!

1. Je me pose et je détermine à court, moyen et long termes ce que la situation peut m'apporter. Exemple : je suis stressée, car je dois respecter un délai très serré au travail.

2. Les effets envisagés à court terme : ce stress va me permettre d'optimiser mes capacités de productivité.

3. Les effets envisagés à moyen terme : ce stress va me permettre de mettre le doigt sur une organisation peut-être bancale dans mon quotidien qui m'empêche d'être aussi performante que je le souhaiterais.

4. Les effets envisagés à long terme : ce stress va me permettre de parler avec ma hiérarchie, afin de faire le point sur les dernières évolutions de travail liées à mon poste ou, le cas échéant, de m'organiser différemment pour éviter que cela ne se reproduise.

Pour celles qui pensent que le problème dans ce cas précis vient surtout de leur manager ou d'une autre cause extérieure, relisez le cahier depuis le départ et reprenez les bases. Nous avons toujours une part de responsabilité dans ce qui nous arrive. Savoir sortir de la position de victime nous permet de prendre conscience d'une situation dans sa globalité et d'avancer plus sereinement vers la résolution du problème.

7. Distinguez ce qui vous appartient ou non

Saviez-vous que les humeurs sont contagieuses tout autant que le stress est communicatif? Vous n'avez jamais prêté attention à ce qui se passe dans les mouvements de foule, comme il est facile de se laisser entraîner par la négativité et la colère des autres, cela d'autant plus lorsque l'on est fatiguée?

Faites le tri !

Il est important de prendre le temps de distinguer ce qui vous appartient ou non, dans la situation stressante que vous vivez, car une partie vous concerne mais sans doute d'autres personnes y sont aussi liées : manager, conjoint, ami ou parents…

Posez-vous les questions suivantes :

- Est-ce que le stress que je ressens est justifié?
- Est-ce que je suis responsable de la situation?
- Est-ce que cela m'appartient?

Une fois que vous avez les réponses, prenez le temps d'effectuer quelques respirations. L'objectif ici est de visualiser que tout ce qui ne vous appartient pas s'envole loin de vous et quitte définitivement vos pensées, comme dans l'exercice de la fumée noire p. 55.

8. Oubliez votre goût du drame!

C'est fou comme nous avons tendance à enfiler le costume de la « drama queen » quand rien ne fonctionne et que nos émotions nous prennent aux tripes! Vous voyez très bien de quelles situations ou moments gênants je parle : lorsqu'on passe en moins de 2 minutes d'un état de stress et d'énervement intense à une excitation joyeuse… On en arrive même parfois, après une longue période de stress, à rire de la situation en se demandant ce qui a bien pu motiver des émotions si contrastées en nous.
Alors quand vous sentez que la « drama queen » en vous est sur le point de faire son show, prenez le temps de vous ressaisir… Dramatiser tout ce qui vous arrive n'est vraiment pas bon pour le moral et le mental. La meilleure chose à faire? Restez concentrée sur ce qui vous fait du bien. Ne laissez pas les personnes toxiques avoir une quelconque emprise sur votre bien-être. Aidez-vous des exercices comme la météo intérieure (p. 54), le décodeur magique (p. 37), les bulles de savon (p. 54) et le mood board centré sur vos besoins (p. 32).

9. Rappelez-vous vos réussites

Lorsque l'on traverse des périodes de stress, on a tendance à voir tout en noir et à se laisser très vite démoraliser. Dans ces moments-là, prenez le temps de vous rappeler vos dernières réussites.

Comment on s'y prend?

Vous pouvez créer dans votre bullet journal ou votre journal des émotions une page spéciale où vous pourrez inscrire jour après jour chacune de vos réussites/victoires, qu'elles soient grandes ou non. Rappelez-vous que chaque petit pas, chaque petite victoire compte sur votre parcours! Se reconnecter à ses réussites c'est se connecter pleinement à son pouvoir. Un pouvoir illimité qui nous permet de réaliser de grandes choses dans notre quotidien.

10. Videz votre sac grâce à la respiration dynamique du moulinet

L'objectif ici avec cette respiration dynamique est de vous permettre de libérer le stress ou les tensions ancrés dans votre diaphragme.

Comment on s'y prend?

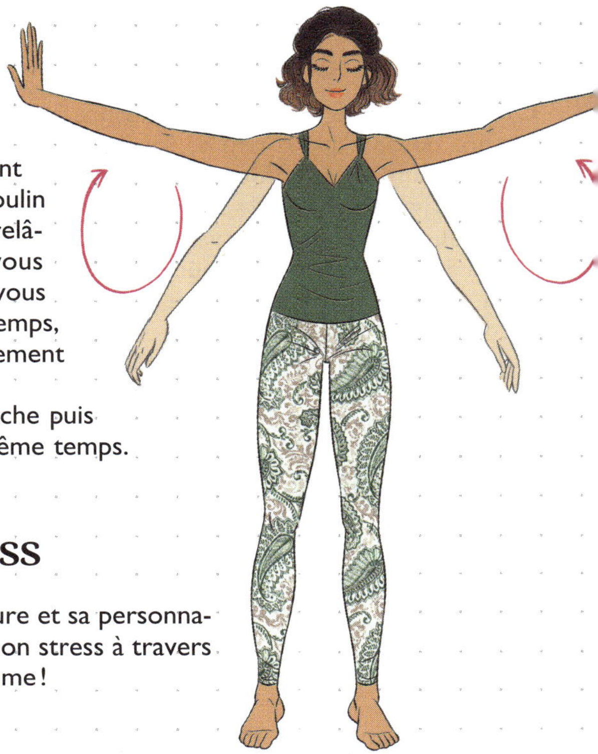

Mettez-vous en position debout, vos jambes sont bien ancrées dans le sol.
Prenez une grande inspiration, puis effectuez une rétention tout en brassant fortement l'air avec vos bras comme les ailes d'un moulin qui tournent rapidement. Puis expirez en relâchant toutes les émotions négatives qui vous encombrent, les tensions ou les soucis que vous avez rencontrés dans la semaine. Prenez le temps, lors de cette expiration, de ressentir pleinement la libération du stress, des peines…
Vous pouvez effectuer l'exercice 2 fois à gauche puis 2 fois à droite et 2 fois avec les 2 bras en même temps.

Mon programme antistress

Même s'il parait compliqué de changer sa nature et sa personnalité, il est tout à fait possible de mieux gérer son stress à travers un certain nombre d'outils. Voici le programme!

Objectif calme et sereine

Le vision board, l'outil de visualisation de vos objectifs

Vous pouvez projeter tout ce que vous voulez dans votre subconscient à l'aide d'images mentales ou de concepts visuels soigneusement choisis. Utilisées de façon correcte, ces visualisations créatives transformeront votre vie et vous permettront de dépasser ce qui vous stresse, vous tétanise ou vous bloque. Pour cela, vous pouvez créer votre tableau de visualisation ou « vision board ».

Comment ça fonctionne?

Il s'agit d'un tableau sur lequel vous allez coller tout ce à quoi vous aspirez pour l'année à venir, y compris des projets qui peuvent vous angoisser, mais que vous rêvez de faire. Il représente une véritable ligne directrice et vous permet de vous lancer enfin tout en conservant votre motivation pour tenir vos objectifs tout au long de l'année.
Créer ce tableau et le voir tous les jours dans votre environnement va permettre de conditionner votre cerveau. En effet, il existe dans notre cerveau une zone qui s'appelle le système d'activation réticulaire (SAR). Le SAR fonctionne comme un missile guidé. Les scientifiques ont en effet découvert qu'il contrôle également

notre système de croyances et ne reconnaît que les infos conformes à ces croyances. Ainsi, en ayant vos objectifs sous les yeux, le SAR s'active et vous allez instinctivement vous rapprocher des actions quotidiennes nécessaires à la réalisation de vos objectifs et permettre à votre organisme de mieux réguler votre stress.
Vous l'aurez compris il ne s'agit pas seulement de faire un joli tableau que vous observerez toute l'année, mais de poser des actions concrètes qui vous permettront d'avancer un peu plus chaque jour vers la réalisation de vos rêves, tout en cultivant votre confiance en vous.

Comment je m'y prends?

1. **Le choix du support est libre**, format A4 ou affiche, ainsi que la matière : papier, carton, plexi...
2. **Posez vos objectifs ou intentions de l'année,** que souhaitez-vous réaliser et qui induit du stress chez vous aujourd'hui? Par exemple : piloter tel projet, trouver une nouvelle formation, changer de job, partir en voyage?
3. **La phase de récolte :** vous allez rechercher dans des magazines, des livres ou bien sur Internet tout ce qui vous inspire et vous donne de la force pour réaliser vos objectifs de l'année.
4. **La phase de sélection :** regroupez vos photos ou images, de l'objectif le plus important au moins important. Le centre de votre support représente les objectifs essentiels. Placez les éléments sur votre support et dès que l'agencement vous plaît, commencez à coller ou accrocher.
5. **Utilisez votre bullet journal et répertoriez-y vos objectifs et envies** afin de déterminer les actions à mettre en place pour leur réalisation. Plus vous effectuez ce travail, plus vous sortez de vos réactions habituelles dues au stress et à la peur latente de l'échec.

Mon rituel SOS good vibes matinal en 10 minutes

Après une nuit agitée, des pensées et ruminations qui tournent en boucle dans votre tête, vous voilà dans votre lit à négocier chaque minute avant de vous lever. À peine réveillée, vous êtes déjà stressée! Il va pourtant falloir vous motiver à sortir de votre lit avec un good mood afin d'attaquer cette journée! Adopter un rituel matinal good vibes, c'est donner la possibilité à votre organisme de se réveiller en douceur et augmenter ainsi sa capacité à résister au stress. Comment ça marche concrètement? Voici une routine simple à mettre en place sans contrainte de temps.

Au réveil

Asseyez-vous sur le bord du lit, la tête et le dos bien droits. Vos pieds bien à plat sur le sol. Prenez le temps de bâiller et de vous étirer en levant vos bras. Effectuez quelques respirations. Massez-vous quelques secondes le crâne, puis le visage.

Au lever

Buvez un grand verre d'eau à température ambiante, afin de réveiller en douceur votre métabolisme. Vous pouvez le boire en conscience en analysant et en observant vos sens.

Prenez le temps de piocher une phrase dans votre bocal à gratitudes (voir p. 23), afin de commencer votre journée avec un grand sourire.

Filez-vous préparer !

À la fin de votre douche, prévoyez la minute « norvégienne » avec un jet d'eau froide (du bas vers le haut). L'objectif ? Activer vos sens et votre vitalité pour le reste de la journée, améliorer votre circulation sanguine et raffermir votre peau !

L'astuce spécial coup de boost : appliquez 2 gouttes d'huile essentielle d'épinette noire (*Picea mariana*) au niveau de vos reins (au bas du dos) afin de booster votre énergie pour le reste de la journée et dynamiser votre système immunitaire (à faire en mini-cure de 10 jours par exemple).

Pour le petit déjeuner

Si vous avez besoin de recharger vos batteries, optez pour une version salée protéinée pour vous rassasier et faire le plein d'énergie : œufs brouillés, pancake à la patate douce (à base de farine de riz/châtaigne, patate douce cuite en purée, lait végétal, 1 œuf, gingembre, cannelle, sel et sucre et un peu d'huile de coco), tartine de pain complet et tranches d'avocat.

Sinon, vous pouvez adopter une version légèrement plus douce et sucrée avec par exemple un pudding de chia (la veille, versez des graines de chia dans un jus végétal. Laissez gonfler toute la nuit au réfrigérateur), avec des fruits frais en topping.

Pensez à vous hydrater avec un thé vert, aux vertus antioxydantes, et emportez avec vous un fruit et quelques oléagineux (amandes, noix, noisettes…) pour une pause antistress et dynamisante vers 11 h.

Mon evening routine relaxante

Vous êtes devenue une adepte de la morning routine et ressentez les bienfaits de cette pratique sur votre quotidien ? Sachez qu'il est possible également de se créer une routine relaxante le soir lorsque vous rentrez après une longue journée de travail stressante. Vous croyez que vous n'aurez pas le temps ? Pensez aux croyances qui vous limitent et aux pensées sélectives (voir p. 66 et 72). Vous n'êtes pas obligée de faire une liste bien définie, mais simplement de trouver des rituels antistress qui vous correspondent et vous permettent de créer une véritable pause, un véritable sas de décompression entre votre vie professionnelle et votre vie privée. Surtout, si vous ne parvenez pas à pratiquer votre routine tous les jours, pas de panique ! Faites place à l'imprévu pour temporiser vos émotions.

Prenez le temps de vous poser

Lorsque vous arrivez chez vous, prenez le temps de vous asseoir 5 minutes sans aucune distraction. Analysez et parcourez votre journée et, au besoin, prenez votre bullet journal ou votre carnet pour y noter les éléments qui vous semblent judicieux. Quelles sont vos gratitudes ou petites victoires de la journée par exemple ?

Pratiquez une méditation Trataka

C'est l'un des 6 exercices de purification corporelle utilisé en yoga.

Comment ça marche ?

On fixe un objet intensément et sans cligner des yeux, jusqu'au moment où les larmes coulent. Cet exercice est à la portée de toutes, débutantes en méditation ou plus initiées. On choisit de pratiquer Trataka sur un point à la surface externe du corps comme sur le bout du nez, ou bien sur un objet extérieur : on se concentre alors sur la flamme d'une bougie (à 50 cm de distance), sur un objet de son environnement (un arbre en face de sa fenêtre), dans une observation contemplative.

L'objectif

Dans un premier temps, temporiser votre état d'anxiété, puis favoriser votre concentration et vous ancrer pleinement dans l'instant présent.

En pratique

Commencez par vous détendre en fermant les yeux et en prenant de longues respirations. Sentez l'air frais qui pénètre vos narines durant l'inspiration et l'air tiède qui en ressort lorsque vous expirez. Lorsque vous êtes suffisamment détendue, concentrez-vous sur le bout de votre nez, la flamme d'une bougie ou un autre objet choisi, sans cligner des yeux, aussi longtemps que vous le pouvez. Vous devez essayer de laisser vos yeux ouverts jusqu'à ce que vos

larmes coulent (si cela est trop pénible, vous pouvez cligner des yeux!).
Ensuite, fermez les yeux et essayez de visualiser mentalement la bougie et sa flamme ou l'objet. Lorsque l'image mentale disparaît de votre esprit, vous pouvez rouvrir les yeux et recommencer l'exercice. Continuez le processus pendant au moins 10 minutes.

Avant cette séance, diffusez des huiles essentielles relaxantes comme le lavandin (*Lavandula x burnatii* clone super), l'ylang-ylang (*Cananga odorata*) ou l'orange douce (*Citrus sinensis*) : déposez 10 gouttes d'une de ces HE dans le diffuseur 10 minutes avant de commencer votre méditation contemplative.

Je passe en cuisine

Eh oui, la santé, qu'elle soit mentale ou physique, passe également par l'assiette et cuisiner fait aussi du bien au moral! Choisissez des aliments de qualité qui permettent de nourrir chacune de vos cellules et d'augmenter votre résistance à la fatigue et au stress.

Privilégiez des repas plus légers le soir, afin de favoriser un meilleur sommeil. Évitez ainsi les plats en sauce, les fritures ou les aliments trop gras qui ont tendance à ralentir la digestion.
Optimisez vos apports en légumes de saison, surtout les légumes verts (salade, mâche, brocolis, chou vert, blette, etc.) qui apportent une meilleure oxygénation cellulaire.

Mon yoga anticrise

Lorsque l'on est en état de crise, on recommande d'effectuer des postures douces qui ne vont pas trop solliciter l'organisme, car c'est souvent dans ces moments de grande tension que l'on peut se blesser.

2 postures simplissimes pour lâcher prise

Shavasana

C'est l'une des postures les plus célèbres en yoga. Elle paraît très facile à première vue, mais requiert toutefois un certain alignement. Elle permet de travailler le calme et la libération du stress en relaxant profondément le corps. Elle est idéale en cas de tensions, d'insomnie, de sentiment de blues ou de maux de tête.

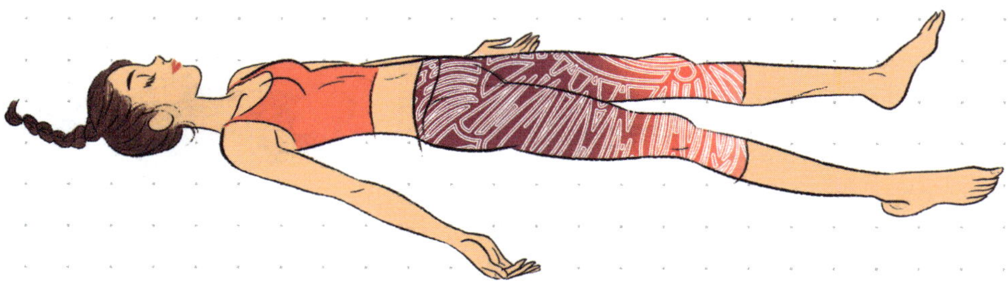

Comment on s'y prend?
Allongez-vous sur votre tapis et positionnez vos bras le long du corps, les paumes de mains tournées vers le ciel. Pensez à placer un coussin sous vos genoux pour un meilleur confort. À l'inspiration, gonflez bien votre ventre, prenez une pause en retenant quelques secondes l'air, puis expirez par la bouche, en dégonflant petit à petit votre ventre. L'objectif au fur et à mesure des cycles est d'aller de plus en plus lentement, afin de favoriser une détente complète de l'abdomen. Pour sortir de la posture, bougez doucement les extrémités de vos membres. Étirez-vous et roulez lentement sur un côté pour vous relever.

Combien de temps?
Commencez par maintenir la posture 5 minutes, puis augmentez à 10 minutes avec le temps.

L'enfant

On l'appelle également «la posture de l'enfant», elle permet, entre autres, d'effectuer un véritable recentrage sur soi, de calmer les émotions, d'étirer les hanches tout en douceur, de détendre les épaules et la nuque, de stimuler les fonctions digestives (le ventre est délicatement massé).

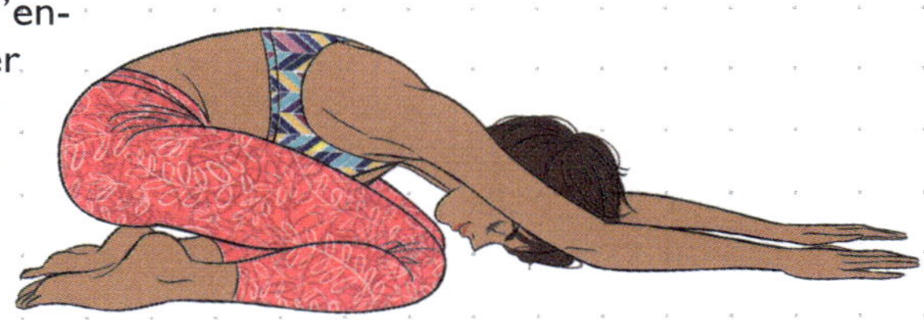

Comment on s'y prend?
Mettez-vous à genoux et asseyez-vous sur vos talons. Les genoux doivent être placés à la largeur de vos hanches. Pratiquez une expiration et déposez votre torse en avant entre vos cuisses en allongeant bien votre dos à l'arrière du bassin. Positionnez vos mains sur le sol devant vous en les étirant. Aménagez votre position en plaçant une brique sous votre tête ou un coussin entre les talons et les fessiers pour plus de confort.

Combien de temps?
Maintenez la posture quelques secondes à quelques minutes en respirant profondément.

Chapitre 5

Mon programme Happy Woman

Être une « happy woman », ça veut dire quoi ? Cela nécessite avant toute chose de réapprivoiser ses énergies féminines et masculines (ses polarités yin et yang), entre inspiration, intuition et action. On va chercher à comprendre ses rythmes internes et les émotions qui vont avec, écouter ses besoins profonds et booster son énergie pour allier *empowerment* (autonomie, pouvoir et émancipation) et *happiness* au féminin. Dans ce chapitre, choisissez de vous repositionner au top de la liste de vos priorités ! L'objectif ? Reprendre votre vie en main. Qui mieux que vous-même pour décider et choisir ce qui vous est bénéfique ?

L'audace d'être soi : je reprends le pouvoir sur ma vie

L'audace d'être soi, c'est prendre la décision de s'affirmer telle que l'on est face au monde. Fini, la timidité ou la peur de se montrer vraiment… Tombez les masques et devenez enfin la meilleure version de vous-même !

Ma priorité n° 1… c'est moi !

Devenir votre priorité n °1, ça vous paraît compliqué ? Et pourtant, c'est un élément vital dans le maintien de votre équilibre émotionnel. On pense souvent à tort qu'il est important d'être présent pour les autres et c'est d'ailleurs l'un des meilleurs rôles que nous puissions jouer dans notre vie. Cependant, il arrive toujours un moment de déclic où l'on réalise qu'il est important d'écouter nos besoins ! Parfois, cela arrive même trop tard, alors pourquoi attendre ? Cassons les attitudes qui nous limitent pour mieux embrasser ce cheminement intérieur, celui de la réconciliation avec nous-même !

Je trouve le positionnement juste

Faire preuve d'audace dans notre société en étant « juste soi », ce n'est pas forcément évident de prime abord. On se retrouve coincée dans une dualité intérieure, une partie de nous souhaite s'adapter au moule de la société pour ne pas se sentir rejetée et une autre partie, plus rebelle, s'y refuse. Alors, comment débloquer la situation et sortir de cette confrontation ? Comment avoir l'audace d'être pleinement soi ? Il s'agit de placer ses envies et ses désirs au centre de sa vie tout en tenant compte de notre environnement. Quoi qu'il en soit, décidez d'être enfin vous-même ! L'objectif est de faire tomber les masques, chaque jour un peu plus. Comment s'y prendre ?

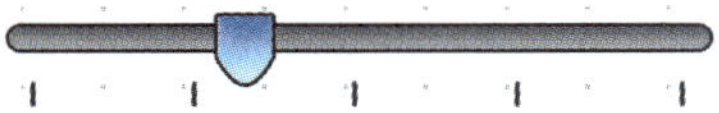

1re étape : je place le curseur au bon endroit

La première étape consiste à déterminer ce que représente pour vous le terme « juste », car il est évident que nous n'en avons pas toutes la même définition. Pour « être vous-même », vous avez besoin d'être en total alignement avec ce que vous pensez et ressentez. Si vous n'êtes pas au clair avec votre vision du monde, alors vous donnerez l'opportunité aux autres d'être intrusifs dans vos schémas de pensées, de vous influencer, de vous faire douter…

⇨ Portez attention à vos sentiments et ce que vous ressentez dans chaque situation. Vous avez sans doute déjà la réponse en vous. C'est en développant votre sens critique que vous saurez faire le tri entre vos émotions et votre intuition.

2e étape : j'identifie mes désirs

La deuxième étape consiste à déterminer vos désirs et vos envies : qu'est-ce qui vous permettrait de reprendre le pouvoir sur votre vie ? Qu'est ce qui serait bénéfique pour votre bien-être au quotidien ?

⇨ Approfondissez et notez vos réflexions dans votre journal ou dans votre cahier.

3e étape : je passe à l'action en sortant de ma zone de confort !

En pratique, une fois que vous avez trouvé les réponses aux 2 premières étapes, il s'agit de passer à l'action. L'audace d'être soi, c'est décider de sortir chaque jour de sa zone de confort et de faire face à l'imprévu. En prenant plus de liberté dans votre vie, vous vous donnez les moyens d'expérimenter de nouvelles opportunités. Objectif ? retrouver une énergie pétillante et un quotidien riche en aventure !

Voici une liste non exhaustive de moyens pour se concocter une vie pleine de nouveautés et d'imprévus :

- Apprendre quelque chose de nouveau chaque jour (ou chaque semaine, ou chaque mois).
- Goûter et cuisiner de nouveaux plats.
- Tester une nouvelle activité sportive ou un nouveau cours régulièrement.
- Affirmer vos opinions.

Se définir par soi-même

On a cette fâcheuse tendance à vouloir combler nos propres besoins au travers des autres ou avec l'aide des autres. Ce qui est sûr, c'est que ce genre de fonctionnement ne marche pas ! Cela amène à rechercher constamment une forme de validation auprès des autres, afin de s'accepter telle que l'on est. Dans cette recherche permanente de validation, on finit par en oublier qui on est vraiment. On porte un masque pour « coller » à ce que les autres attendent de nous. Les opinions des autres ne définissent en rien la personne que vous êtes.

Il est temps de vous accepter telle que vous êtes ! Faites des choses qui vous plaisent, qui vous apportent un sentiment de plénitude et qui ouvrent votre espace intérieur.

L'égoïsme positif, ça s'apprend !

On peut se demander en quoi être égoïste peut être quelque chose de positif ? Comment ne pas éprouver un sentiment de culpabilité quand on décide de faire des choses rien que pour soi ? Et en même temps, comment ne pas l'envisager quand on passe la plupart de son temps à répondre aux besoins des autres ? La question est : pourquoi cherchons-nous inlassablement à être présente pour les autres avant de l'être pour nous-même ? S'agirait-il là d'un besoin constant de reconnaissance, d'identification, de fuite ? Il est parfois plus facile de fuir, de refuser de regarder chez soi, plutôt que d'accepter la réalité.

Comment développer l'égoïsme positif concrètement ?

- **Apprenez à refuser certaines propositions.** Dans les situations où les autres ont un peu trop tendance à faire appel à vous, déclinez certaines de ces demandes en exprimant clairement votre indisponibilité et en insistant sur votre besoin de vous ressourcer. Cela vous paraît compliqué ? Comme pour

Stop aux personnes toxiques
Dites-vous bien que lorsque vous allez commencer à cultiver cet égoïsme positif, vous allez forcement vous trouver face à des personnes qui ne comprendront pas du tout votre démarche. Vous ne serez plus à leur service en permanence. Pour votre bien-être personnel, apprenez à mettre à distance ce genre de personnalités toxiques.

apprendre à dire « non » (voir p. 30), entraînez-vous devant le miroir, imaginez la scène et n'hésitez pas à travailler à voix haute votre « non ». Il ne s'agit pas ici de trouver une excuse pour justifier votre refus, mais de cultiver votre affirmation personnelle.

- **Passez le relai si besoin.** Savoir déléguer ça s'apprend, surtout quand on a la fâcheuse tendance à tout vouloir contrôler ! Que ce soit au travail ou à la maison, prenez le temps de lister toutes les choses que vous pourriez déléguer. Si vous vous sentez submergée, dites-le à votre entourage et voyez comment mieux répartir les tâches. Une fois de plus, prenez conscience que vous n'êtes pas une wonder woman !

- **Demandez de l'aide à votre entourage** (famille, amis, collègues...). Un dossier compliqué à gérer au travail ? Une de vos copines, spécialiste du sujet, pourrait vous aider ? N'hésitez plus, prenez le temps de lui demander de l'aide autour d'un *happy hour* ! Apprenez à cultiver les synergies, elles sont essentielles à votre évolution personnelle.
- **Dégagez le temps qu'il vous faut** (et soyez réaliste sur les étapes de concrétisation) pour réaliser vos propres rêves ! Aider et accompagner les autres c'est bien et c'est tout à votre honneur, mais ça ne vous permettra pas de développer vos projets et vos ambitions.

Mon mantra « myself first »
Créez votre mantra et répétez-le le plus souvent possible durant votre journée, en y mettant toute votre motivation !
« Je décide aujourd'hui et maintenant d'être au centre de mes priorités, peu importe le jugement des autres. Je me soucie seulement de ce qui m'apporte joie et bien-être. »

Je booste ma confiance en moi

S'affranchir du regard des autres

Notre société nous pousse à la perfection et à nous comparer les uns aux autres. L'avis des autres est parfois plus important que notre propre avis, si bien que nous finissons par en perdre nos propres valeurs. Pourquoi accordons-nous autant d'importance à ce que les autres peuvent penser de nous ou de nos idées ? Quel est l'objectif voire la cause d'un tel comportement ? Serait-ce la peur ? La peur de décevoir, d'être qui on est vraiment ou bien de se ridiculiser ? Quelles seraient les conséquences réelles du jugement des autres sur votre vie ? Il est essentiel de cultiver vos valeurs en travaillant sur la notion de détachement.

La peur du jugement

En fait, la peur du jugement d'autrui est un bon indicateur du manque d'estime de soi. Si de manière habituelle, vous êtes mal à l'aise dans vos relations avec les autres, c'est peut-être que vous avez peu confiance en vous-même ou que vous vous sentez trop souvent déstabilisée par l'opinion des autres ? Les conseils suivants sont donc pour vous, ils vous permettront de booster votre confiance en vous.

Comment travailler la notion de détachement ?

1. Posez vos limites, votre territoire sacré

Définir vos besoins essentiels (voir p. 30) va vous permettre de mieux vous connaître et surtout de savoir ce qui est bon ou pas pour vous. Une fois que vous avez délimité votre territoire, vos limites, vos besoins, ce que vous voulez et ce que vous ne voulez pas, connectez-vous à vos sens (voir p. 61) et laissez votre intuition s'exprimer dans toutes les situations. Elle saura vous alerter lorsque vos besoins ne sont pas respectés.

2. Choisissez des échanges de qualité !

Scannez votre entourage au détecteur de toxicité et choisissez à qui parler de vos rêves et de vos projets. Intuitivement vous savez au fond de vous à qui vous pouvez parler de vos projets, de vos peurs, de vos doutes… Vous savez qui sera désagréable et pessimiste ou au contraire qui vous portera vers le haut et saura vous communiquer toute l'énergie positive dont vous avez besoin pour vous réaliser. Il est temps de dire stop aux personnes négatives et rabat-joie et surtout d'arrêter de rechercher la considération ou l'approbation de ceux qui vous tirent vers le bas !

3. Rappelez-vous que chacun est responsable de ses émotions et de ses perceptions

Chaque personne pense détenir « la vérité », mais il existe autant de points de vue et de réalités que de personnes qui peuplent notre planète !

4. Prenez le temps d'accueillir chacune de vos émotions (voir p. 12) si la situation suscite des émotions désagréables. Il est important de les laisser circuler en vous et de les laisser s'exprimer. Prendre conscience que chaque difficulté rencontrée, chaque obstacle a sa solution permet de prendre confiance en soi et de prendre du recul par rapport à ses émotions. Oui, cette grande peur trouvera bien sa fin !

Ma « respiration olfactive » pour me libérer des émotions pesantes
Appliquez 2 gouttes d'huile essentielle de petit grain bigarade (*Citrus aurantium*) sur vos mains. Cette huile essentielle est idéale pour la détente de la sphère émotionnelle. Prenez plusieurs inspirations en positionnant votre visage entre vos mains.
Si besoin, vous pouvez nommer l'émotion à voix haute avant chaque expiration. L'objectif est de vous recentrer et de laisser passer l'émotion qui vous envahit.
Lavez-vous les mains après l'exercice pour ne pas garder d'huile essentielle pure sur votre peau.

Dépasser le syndrome de l'imposteur !

Beaucoup de personnes ont l'impression de ne pas mériter leur succès, ou que leurs idées ne sont pas dignes d'intérêt. Dans certains cas, elles vont jusqu'à se priver de travailler à certains postes ou d'exprimer leur créativité tant elles pensent ne pas être à leur juste place ! Si c'est votre cas, il est temps de revoir de fond en comble l'image que vous avez de vous !

En pratique, 3 actions pour opérer un reboot !

1. **Faites le bilan de votre vie.** Prenez du recul et identifiez si vous êtes victime de ce syndrome de l'imposteur ou pas. Comment faire ? Prenez le temps à la fois d'analyser le discours que vous portez sur vous-même et votre parcours, mais aussi d'écouter votre critique intérieure. Vous avez par exemple la fâcheuse tendance à ne jamais vous sentir assez bien ni compétente et vous craignez que toutes vos réussites soient uniquement dues à la chance ?

2. **Choisissez, écrivez et répétez des mantras** d'affirmation positifs, qui vous inspirent, rechargent vos batteries et donnent de l'élan à votre vie de femme !
   Voici quelques mantras powerful pour vous guider !
   - « Je suis une femme passionnée et créative ! »
   - « Je suis "parfoite" (parfois parfaite), parfaitement imparfaite, et ça me plaît ! »
   - « Je me sens en pleine forme, prête à conquérir le monde avec mes idées et mes projets ! »
3. **Trouvez des sources d'inspiration et des mentors** qui vous permettront de grandir et d'évoluer sur votre chemin.

Je décide de m'aimer

La liste de mes qualités et mes talents

S'aimer soi-même, c'est reconnaître qu'au-delà de nos défauts, nous avons des qualités ! Il ne s'agit pas seulement d'aptitudes ordinaires, dont on se sert dans notre quotidien, mais de vrais talents que l'on incarne avec aisance. Par exemple, votre capacité à prendre la parole en public et incarner votre leadership au travers de votre passion. De quoi vous positionner dans une dynamique positive et vous permettre de booster votre confiance en vous.

J'identifie mes qualités et mes talents

Dressez une liste de vos talents et qualités dans votre journal que ce soit à la maison avec votre famille, dans vos relations (amicales ou sentimentales), au travail ou dans vos loisirs. Une fois que vous les avez identifiées, demandez-vous si vous les utilisez vraiment. Parfois, prendre le temps de lister ses qualités nous permet d'en prendre réellement conscience. Et ce qui nous semblait peu important peut devenir une véritable force au quotidien. Vous pouvez aussi vous challenger en créant de nouvelles opportunités et de nouveaux défis dans votre vie en lien avec vos talents… de quoi mettre une touche de pep's dans votre quotidien !

J'accepte mes fragilités

Après avoir établi la liste de vos qualités et talents, il est important d'identifier vos fragilités. Pourquoi ? Pour vous accepter telle que vous êtes, déléguer éventuellement à d'autres certaines tâches que vous ne maîtrisez pas et ainsi vous détacher du stress chronique et des émotions négatives qui en découlent. Vous pourrez alors cultiver des techniques pour vous sentir mieux et plus forte (par exemple, gommer ce manque de confiance en vos capacités qui vous handicape parfois ou cette désorganisation qui vous empêche d'être aussi performante que vous aimeriez au bureau) et de sortir de vieux schémas destructeurs qui ont tendance à vous tirer vers le bas.

En pratique, comment accepter mes fragilités ?

1. **Cessez d'être si intransigeante envers vous-même.** N'oubliez pas, vous faites ce que vous pouvez avec ce que vous avez ! Alors stop à la critique ! Offrez-vous de l'amour et du respect. En bref, reformulez les pensées ou propos trop durs que vous tenez à votre égard pour faire preuve d'un maximum de bienveillance envers vous !
2. **Aimez-vous et acceptez vos imperfections.** Changez votre état d'esprit en passant du mode « control freak » au mode « parfoite », parfois parfaite (mais pas toujours, et ça me va !). Vous avez le droit de vous sentir fatiguée, le moral dans les chaussettes, de râler, de vous isoler, de ne pas être efficace et de ne rien faire si vous avez besoin d'une pause pour vous régénérer. Cela vous permet de mieux rebondir par la suite ! Accepter que la

perfection ne soit qu'une notion illusoire glorifiée par notre société moderne, c'est le premier pas vers la liberté d'esprit.

3. **Faites le tri et tachez de prendre du recul** sur vos attentes dans la vie et vos objectifs. Parfois on est trop exigeante envers soi-même, nos critères ne sont pas ajustés à nos capacités, ce qui nous pousse dans un cercle vicieux d'autocritiques quotidiennes.
4. **N'hésitez pas à demander de l'aide**, un regard neutre et extérieur est souvent salvateur lorsque l'on souhaite évoluer et transformer sa vie.

Je cultive ma présence

Cultiver la présence à soi est une dimension primordiale pour être enfin alignée et dans l'ouverture du cœur. Savoir être là pour soi comme on le serait pour nos proches, se motiver, s'encourager et se réconforter soi-même, plutôt que de rechercher l'approbation des autres.

En pratique, programmez-vous des moments agréables et profitez-en surtout pour faire le point, appréciez la solitude en vous offrant un tête-à-tête avec vous-même (vive la digital détox dans ces moments-là !), découvrez de nouvelles activités ou compétences...

J'apprivoise mon cycle féminin pour une vie plus harmonieuse

Tous les mois, c'est la même chose, à des degrés différents selon les femmes. Douleurs dans la poitrine, ventre qui gonfle, altération du transit, crampes et colites, acné souvent inflammatoire... Autant de symptômes désagréables du syndrome prémenstruel (SPM) auxquels s'ajoutent bien évidement nos émotions. On passe par différentes phases menstruelles qui nous font vivre de véritables montagnes russes émotionnelles. Mais, pour la plupart d'entre nous, il semble impossible de stopper la machine, il nous faut redoubler d'efforts pour rester la working-girl super efficace que nous sommes, même pendant nos règles, quand nous sommes fatiguées, mal en point et le moral down ! Alors qu'au contraire, il est vital de respecter notre nature cyclique, d'arrêter de nous prendre pour une wonder woman et de faire de chaque phase notre alliée pour enfin trouver l'harmonie et mieux vivre notre cycle.

À la découverte de mon cycle menstruel, une question d'hormones ?

Chaque femme est différente et montre un cycle plus ou moins régulier. Mais de nombreuses femmes sont incapables d'identifier leur cycle, de savoir combien de temps il dure, quelles en sont les phases, quels sont les symptômes qu'elles ressentent suivant les phases. Il ne s'agit pas d'un manque d'intérêt, mais, simplement, personne ne leur a appris depuis leur adolescence à faire le lien entre les modifications hormonales durant les phases de leur cycle et ce qu'elles ressentent d'un point de vue physique et émotionnel. Pourtant, la meilleure façon de prévenir les douleurs et les désagréments du cycle menstruel est de mieux le connaître et, surtout, de ne pas lutter contre le rythme et les besoins des différentes phases. La femme est plurielle et connectée à la nature au travers de ses cycles. Dans les cultures amérindienne et latine, on associe d'ailleurs chacune des phases du cycle féminin à une des 4 saisons (automne, hiver, printemps et été).

Les 4 grandes phases du cycle hormonal

1. Phase de menstruation (jours 1 à 6 environ) : saison de l'hiver, on s'enracine !

Le jour 1 correspond au début des règles, nos hormones provoquent l'élimination de la muqueuse utérine, cela pouvant d'ailleurs provoquer certaines douleurs (tensions et maux de ventre). C'est un temps de repli sur soi, plus lent. Lors de cette phase, vous pouvez prendre le temps d'une introspection personnelle. C'est le moment idéal pour vous concentrer sur vous et mûrir vos décisions.

Mes tips naturo douceur

Privilégiez durant cette phase la consommation de spiruline (gélules de compléments alimentaires ou paillettes à saupoudrer sur vos plats) et de tisanes de feuilles d'orties piquantes (associées à de la vitamine C pour favoriser l'absorption) pour booster votre taux de fer et atténuer la fatigue. Pensez à l'huile d'onagre (2 capsules ou 1 cuillère à café par jour) : sa propriété anti-inflammatoire régulera votre cycle, votre flux et les douleurs qui y sont associées.

2. Phase folliculaire (jours 7 à 13 environ) : saison du printemps, on éclot !

C'est la phase de production des follicules (les futurs ovules candidats) sous l'impulsion de l'augmentation des œstrogènes. C'est de loin la phase durant laquelle on a le plus d'énergie, celle où l'on est motivée et où notre ambition est au maximum. On en profite pour se lancer dans la réalisation des projets qui nous tiennent à cœur !

Mes tips naturo douceur

C'est une période où l'on se sent bien, alors on en profite pour pratiquer une activité physique pour booster l'oxygénation cellulaire et développer sa vitalité. Privilégiez des jus et smoothies verts (base de de feuilles d'épinard, chou kale ou blette, par exemple, associés à des fruits frais et une moitié d'avocat) pour favoriser la reminéralisation de votre organisme.

3. Phase ovulatoire (jours 14 à 20 environ) : saison de l'été, on rayonne !

En raison de la montée des hormones LH et FSH, l'ovule est libéré, généralement le 14e jour. Après cette libération, 2 possibilités : soit il y a présence de spermatozoïdes et la fécondation peut avoir lieu, soit il n'y en pas et les ovules se désintègrent le jour suivant.

C'est une période durant laquelle vous allez rayonner et ressentir un sentiment de bonheur. C'est la phase de procréation dans tous les sens du terme !

Mes tips naturo douceur

Favorisez une alimentation riche en zinc qui est importante pour maintenir une bonne division cellulaire durant cette période. Vous en trouverez dans les graines de courge, les lentilles ou les crustacés, par exemple. Pensez également à la pratique du yoga pour préparer votre corps à la prochaine phase des menstruations (autrement appelées les « lunes »).

4. Phase lutéale (jours 21 à 28 environ) : saison de l'automne, on se replie !

C'est la dernière phase du cycle ! S'il n'y a pas eu de fécondation, le taux de progestérone se met à chuter et entraîne la desquamation et l'évacuation de la muqueuse utérine (règles). C'est la phase où nous sommes la plus sensible et à fleur de peau. C'est là que l'on observe les symptômes du syndrome prémenstruel à travers tristesse et dépression, irritabilité, maux de ventre, maux de tête, fringales et compulsions sucrées, altération du transit, sommeil de mauvaises qualité…

Mes tips naturo douceur

Pensez au bourgeon de framboisier en gemmothérapie, c'est un très bon régulateur hormonal féminin qui atténue le syndrome prémenstruel.
On en prend entre 5 à 10 gouttes 3 fois par jour directement sous la langue ou dans un peu d'eau, du 14e au 28e jour du cycle, pour atténuer les désagréments ressentis lors de cette phase.
Si vous avez mal au ventre, pensez à l'huile essentielle de basilic (*Ocimum basilicum*) : quelques gouttes à mélanger dans un peu d'huile végétale (d'amande douce par exemple) en massage sur le ventre, suivi de l'application d'une bouillote.

7 conseils pour bien vivre ses émotions liées au syndrome prémenstruel

1. **Bienvenue à la détox !** En naturopathie, votre utérus est considéré comme un émonctoire (organe filtre) secondaire. Pour aider votre organisme à se détoxifier plus facilement pendant vos lunes (grâce à l'écoulement du flux sanguin), et pour diminuer les effets du SPM, évitez au maximum les aliments acidifiants avant et durant cette phase : exit la junkfood, les sucres raffinés et les produits laitiers. Si vous ressentez de trop fortes envies de sucre, privilégiez une alimentation riche en tryptophane (un acide aminé essentiel) pour booster votre sérotonine qui, lorsqu'elle est mal sécrétée par l'organisme, est bien souvent responsable de vos envies sucrées. On pense notamment à la banane, aux amandes et noix de cajou.

2. **Pensez aux infusions de gattilier**, une plante régulatrice hormonale. Privilégiez sa consommation à partir du 15e jour du cycle et jusqu'à l'arrivée de vos lunes. Vous pouvez l'associer à la prise de magnésium en gélules (minimum 300 mg par jour) pour temporiser vos troubles de l'humeur et de l'anxiété durant cette phase.

3. **Consommez des jus et des smoothies pleins de bons nutriments** pour booster votre vitalité. Par exemple un smoothie vert super vitaminé composé d'une poignée de feuilles d'épinards crues, d'une banane et d'une cuillère à café de moringa en poudre (un arbuste originaire d'Inde aux grandes qualités nutritionnelles). Mixez les ingrédients et dégustez !

4. **Ajoutez dans votre alimentation de quoi booster vos enzymes** et votre système immunitaire : pensez aux graines germées (comme par exemple les graines de fenouil, de basilic et de lentilles), et aux graines de pollen que vous pouvez consommer dans vos smoothies (1 cuillère à soupe) ou bien dans vos salades (maximum 2 cuillères à soupe), tout au long du cycle, surtout durant la période hivernale (d'octobre à mars).

5. **Pratiquez un yoga yin relaxant**, par exemple la posture du pont (*Setu Bhanda Sarvangasana*) que vous pouvez réaliser le soir en rentrant du travail pour vous relaxer, et cela pendant toute la phase prémenstruelle et vos lunes. Cette posture permet de faire circuler la lymphe, d'optimiser votre réponse immunitaire et de stimuler tout votre système digestif. C'est également une posture idéale pour les douleurs menstruelles. Allongée sur le dos, pliez les genoux et poussez sur la plante de vos pieds pour surélever vos hanches, en restant bien alignée et en prenant appui sur la paume de vos mains, vos pieds bien ancrés au sol. Restez ainsi 1 à 2 minutes (ou plus si besoin), le temps de vous relaxer profondément.

6. **Pratiquez la respiration abdominale**. L'objectif de cette respiration profonde est de vous permettre d'apaiser vos douleurs et de détendre toute la sphère abdominale.

Ma respiration abdominale
Allongez-vous sur le dos, posez vos mains sur le ventre. À chaque inspiration, prenez le temps de gonfler votre ventre jusqu'au maximum puis à l'expiration de dégonfler votre vente jusqu'à ce que vous n'ayez plus d'air à expirer. Réalisez 5 cycles de respirations et tentez, cycle après cycle, d'augmenter votre niveau d'air inspiré et expiré.

7. **Faites une méditation pour accueillir vos règles**. La première phase du cycle (reliée symboliquement à l'hiver) est souvent une phase de repli sur soi, de repos où nous cherchons à nous recentrer et à nous régénérer.

Installez-vous confortablement sur le dos en pliant vos genoux, les pieds contre vos fesses. Posez vos mains sur votre ventre. Vous pouvez réaliser un *mudra* (*Yoni Mudra*) avec vos mains pour donner plus de puissance à votre méditation. Il s'agit de laisser vos pouces et vos index se toucher en formant un triangle.

Utilisez la respiration abdominale et sentez votre ventre se gonfler et se vider au fur et à mesure de vos respirations.

Répétez-vous le mantra suivant : « Je m'unis à mère nature et je ressens l'écoulement de mes lunes dans la plus grande douceur. »

Carnet d'adresses

Les sites de l'auteur

- www.healthycharly.com : un blog qui aborde la naturopathie sous un angle moderne et holistique, des ateliers et retraites.
- www.lanaturopathieaufildessaisons.com : un programme unique, créé en 2018, d'accompagnement en naturopathie et nutrition holistique autour des 4 saisons. Boostez votre vitalité et votre santé tout au long de l'année. Menus et recettes gourmandes, remèdes naturels, tout y est !

Retrouvez l'auteur sur Instagram, Facebook et YouTube : @healthy_charly

Des femmes inspirantes à suivre pour voir la vie autrement !

- Recettes gourmandes et ateliers culinaires, Jenny : @despapillesquipetillent sur Instagram
- Naturopathe et traiteur végétale 100 % bio, Alice Vanhoye : www.alive-by-alice.com
- Mieux gérer son cycle féminin, programme « Pause sacrée », de Ilia Renon et Cécile Doherty : https://pausesacree.com
- Ateliers, séjours de yoga et soins ayurvédiques, Juliette Ahimsa : https://juliette-ahimsa.com
- Consultante en nutrition et phytothérapie, Caroline Gayet : www.herboristerie.com
- Coach et love activiste, Anne-Claire Meret : https://anneclairemeret.com
- Coaching et talismans, Margaux Migliore : https://margauxmigliore.com
- Directrice radio, auteure et chercheuse en amour, Nathalie Lefevre : www.cestdecidejemepouse.com
- Santé holistique, Estelle Sovanna : https://sovanna.fr
- Ateliers et week-end de reconnexion, Clélia : https://dugreenetdulove.com
- Accompagnement psycho-émotionnel, Pauline Valdairon : www.paulinevaldairon.com
- Guidance, Aurore : https://aurorelumiere.com
- Coach en santé féminine, Peggy Favez : https://en-douceur.com
- Coach et formations transformatives, Caroline Frisou : www.carolinefrisou.world
- Chercheuse en bien-être, Sophie Trem : www.theotherartofliving.com

Bibliographie

Émotions

- *Mobilisez vos ressources émotionnelles*, Joël et Sean Luzi, Dunod, 2014.
- *Mon Cahier Sophro*, Pauline Valdairon, Solar, 2019.
- *Manuel de gestion des émotions*, Jacques Regard, Eyrolles, 2017.
- *La Magie des émotions*, Élisabeth Couzon et Françoise Dorn, Esf éditeur, 2019.
- *Ma Bible des émotions*, Catherine et Aurore Aimelet, Leduc, 2019.
- *Les Mots sont des fenêtres*, Marshall Rosenberg, La Découverte, 2014.
- *La Détox émotionnelle*, Dr Habib Sadeghi, Le Cherche-Midi, 2019.

Développement personnel

- *La Source*, Dr Tara Swart, Leduc, 2019.
- *Le Livre des petites révolutions*, Elsa Punset, Solar, 2017.
- *L'Art du calme intérieur*, Eckart Tolle, J'ai lu, 2003.
- *Le Pouvoir du moment présent*, Eckart Tolle, J'ai lu, 2010.
- *Méditer, jour après jour*, Christophe André, L'Iconoclaste, 2011.

Santé

- *Ma Bible de l'herboristerie*, Michel Pierre et Caroline Gayet, Leduc, 2018.
- *Lune rouge : Les forces du cycle féminin*, Miranda Gray, Macro éditions, 2013.

Remerciements

Je tiens à remercier chaleureusement ma communauté, car, sans vous, je n'aurais jamais eu l'opportunité de réaliser cet ouvrage. Ce projet, c'est aussi le vôtre et j'espère de tout cœur qu'il vous accompagnera tout au long de vos journées pour vous guider vers une meilleure version de vous-« m'aime », plus holistique et engagée !

Merci aux éditions Solar pour leur confiance ainsi qu'à Juliette Collonge qui m'a accompagnée tout au long de ce magnifique projet.

Merci à mes parents, mon frère et mon neveu : cette étape de vie, c'est grâce à vous, merci de tout cœur pour ces dernières années où vous m'avez suivie dans mes rêves les plus fous sans aucun jugement et surtout avec beaucoup d'amour. Merci à mes ami(e)s pour leur soutien durant l'écriture de ce projet.

Pour terminer, merci à mon adorable mari qui m'accompagne tous les jours et supporte mes phases de lunes, mercure rétrograde, et mon hypersensibilité. Je t'aime, tu es le moteur de ma vie, celui qui me permet de croire en moi quand je n'en ai plus la force. Merci de me donner tous les ingrédients nécessaires à la réalisation de mes projets.

Merci à la vie d'être telle qu'elle est avec ses moments de joies et de doutes ! Elle me permet sans cesse de muer vers une nouvelle version de moi-« m'aime » plus alignée et avec le cœur grand ouvert.

LES BEAUTIFUL GIRLS,
C'EST TOUTE UNE COMMUNAUTÉ !

Retrouvez plein de bonus, de conseils feel good, des recettes, des trainings, et des actus tendance **MADE BY MON CAHIER !**

Un lieu rien que pour vous :
http://mylifeisbeautiful.fr/

Une communauté de filles stylées :
VOUS DÉCHIREZ

mylifeisbeautiful.fr mylifeisbeautiful.fr

Direction : Jean-Louis Hocq
Direction éditoriale : Marion Guillemet-Bigeard
Directrice de collection : Juliette Collonge
Édition : Gwladys Greusard
Correction et relecture : Plume sur Loire/Dominique Pérot-Poussielgue
Conception et mise en couleur de la couverture : Stéphanie Brepson
Rabats : Sophie Delannoy
Mise en pages : Nord Compo
Fabrication : Laurence Duboscq

© Éditions Solar, 2020, Paris
Tous droits de traduction, d'adaptation et de reproduction par tous procédés, réservés pour tous pays.

ISBN : 978-2-263-16260-2 – Code éditeur : L16260
Dépôt légal : septembre 2020

Imprimé en France par Clerc
94, rue de la Brasserie, 18200 Saint-Armand-Montrond

Solar, un département d'Édi8
92, avenue de France,
75013 Paris

FSC www.fsc.org MIXTE Papier issu de sources responsables FSC® C003309

SolarEditions
solar_editions
mylifeisbeautiful.fr
mylifeisbeautiful.fr